事例解説
教育対象暴力

~教育現場でのクレーム対応~

近畿弁護士会連合会
民事介入暴力及び弁護士業務妨害対策委員会［編］

ぎょうせい

推薦のことば

　平成26年8月、奈良市において近畿弁護士会連合会民事介入暴力及び弁護士業務妨害対策委員会夏期研修会が開催され、検討テーマの1つとして「教育対象暴力」が取り上げられました。毎年、当研修会では、レベルの高い研修が実施されており、また私自身も幾つかの教育現場での不当要求排除事案に関わったことから、興味深く参加しました。

　当研修会では教育現場からの多数の事例集積がなされており、元教員の方からの経験談も含め、教育現場の生の声が伝わって来る内容でした。それは、教育現場での不当要求の苛酷な現実でした。

　当該研修会でテーマとなっていた「教育対象暴力」という言葉はまだ十分に認知されておらず、その意味するところも統一的な理解にまで至っておりません。日弁連民事介入暴力対策委員会でも、既に平成22年から行政対象暴力の一形態として教育対象暴力を取り上げ、検討を続けています。しかしその意味及び対応方法は、今日でも明瞭になっているとは言い難く、未だ検討過程にあります。

　それでも全国を見渡せば、例えば岡山県弁護士会の「学校問題解決サポート事業」のように教育対象暴力を含めた先駆的な活動をはじめているケースも既に存在します。今後は、教育対象暴力に対する理論や制度を全国的に均一且つ高いレベルで構築していくことが重要な課題となります。

　さて本書では、近弁連研修会での成果を踏まえ、自らの足で教育現場における不当要求事例を集積して現状を把握した上でこれを分析し、具体的な事例毎に法的な論点を抽出し、各論点に関し学校の先生の立場での法的義務の有無を検討し、更に具体的対処法にまで詳細に言及されています。したがって本書は、教育現場における実践的なマニュアル本としても、現場の先生方が不当要求に対応するに際し、必ずや一助となり得るものです。

　本書は、学校の先生に味方し元気づけることによって子供の学習権の充足を図るという点においても、学校で生じている実態を広く世間に知ってもらうという点においても、その目的を達成するために正鵠を射た内容と

なっており、現場の先生方はもちろん、教育対象暴力に関心を寄せるすべての方に自信を持って推薦できる一冊です。

　平成27年9月

　　　　　　　　　　　　　日本弁護士連合会民事介入暴力対策委員会委員長

　　　　　　　　　　　　　　　　　　弁護士　河　野　憲　壯

教員の使命と責務～本書の推薦の辞～

1　教員の責務
　一般に、教員には三つの責務がある。第一は、研究の側面であり、第二に、教育の側面である。さらに、第三として、所属する教育機関における管理運営の側面である。初等中等教育機関と高等教育機関とでは、これら三者相互間の比重に違いがあるものの、三つの責務があることについては変わらない。本書で取り扱いの対象とされている教育暴力についてみると、上記のうちの第三である管理運営の側面に関する問題であると位置付けられる。もとより、それらの問題も、程度の差はあるものの、第一・第二の側面にも関わってくる点があり得る。しかし、基本的には、管理運営の側面に関する問題である。

2　初等中等教育機関における教員による管理運営に係る責務
　初等中等教育機関においては、管理運営に係る権限は、校長に集約的に帰属し、教頭は校長を補佐する地位にある。職員会議は、校長が議長を務め、校長と個々の教員との間の連絡を目的とする会議体であって審議機関ではなく、決定機関ではないとされている（学校教育法施行規則48条・79条・104条参照）。そうした観点からみると、校長・教頭を除いた一般の教員（以下、単に「教員」という。）は、学校の管理運営については、まったく権限がないように見受けられる。学校は、個々の学級が総合的に集合したものが当該学校という教育機関を構成する。そうしてみると、その学級単位においては、学級の担任教員が当該学級につき管理運営する権限を有すると解するのが相当である。そして、対外的には、校長が学校としての管理運営権限とそれに基づく責任を負うことになる。

3　教員の使命と主体性
　このような学校組織の構造と職務権限の所在に基づき、それらが有効に機能するためには、教員がその使命と責任を深く自覚し、自己が担当する学級につき、主体的に管理運営することが要求される。それによって、校長の学校全体に対する管理運営が有効かつ適切に機能することになる。

学校組織がこうして活性化するためには、校長が各教員の主体性を尊重するとともに、その使命と責任を深く自覚させる姿勢が必要である。とりわけ、教員を萎縮させるような対応をすることは最も慎むべきことである。例えば、「慎重にやってくれ」、「相手はPTA役員の子供だから上手くやってくれ」、「なあ、僕のいいたいことわかるだろ」、「一生懸命やるのはいいが、あまり踏み込むなよ」、「僕にもいろいろ立場があるんだよ」等の言動は、教員に対する威嚇にも等しい言動である。決して、「だめだ」、「やるな」といった全面的に否定することはいわず、必ず逃げを打っておく言動が目立つようである。

　また、「自主退学の勧告」が問題を生じることがある（本書第1章1. 事例9）。「自主退学の勧告」は、処分ではないので、最終的に当該生徒が勧告を受けて退学し、その後にこれを争うことは困難であるとされる。そのため、校長は、極力「自主退学の勧告」をし、それが当該生徒の将来のためにもなると説得するようである。しかし、処分権限を有する者が生徒の身分を失わせる効果を生じる行為は、処分に等しい重みがある。

　これらの背景には、学校が訴訟という言葉に対する異常なまでの恐怖があるように見受けられる。そうした姿勢は、父母による理不尽な抗議を増長させる要因の一つになる。学校は、父母による理不尽な抗議に対しては毅然とした態度で臨むべきである。校長は、各教員にも、日頃から「最終責任は自分がとるので、たとえ訴訟といわれても、決して怯むな」といい、そして実行すべきである。

4　推薦の辞

　本書は、こうした教育現場における深刻な状況を直視し、練達の弁護士が豊かな経験と識見に基づき、検討を重ねた上で、具体的事例につき解説したものである。具体的事例を読むと、実によく考えられている。一般に、事例というものは、それだけを取り上げると平凡なことのように思える。しかし、具体的事例を設定するまでには、その何倍もの情報を収集していることであろう。それは、極めて貴重な情報の集積である。さらに、それらに対する解説も誠に示唆に富むものがある。短絡的な見方ではなく、多角的な視点から問題の所在を的確に捉え、努めて客観的な分析を掘

り下げて行っている点に類書に見られない特徴がある。

　しかし、教育現場においては、これらの解説を模範解答として受け止めるのではなく、事例および解説を題材として大いに熟慮し、議論することを強く推奨する。それによって、校長をはじめ教員が認識を共有することこそが最も重要である。それは、同時に、本書の刊行に参集した弁護士の共通した願いでもあろうし、労に報いることにもなろう。

　教員という職業は、児童・生徒を評価するという権限と責任を担っている点で、すぐれて専門的な性格を有する。それなればこそ、教員は常に児童・生徒およびその父母に説明責任を負っている。教育現場の方々が、本書を丹念に繙くことにより、今後の初等中等教育に資することを願いつつ、擱筆する。

　　平成27年9月

専修大学名誉教授、弁護士（第二東京弁護士会）

梅 本 吉 彦

は　し　が　き

　本書は、平成26年度、近畿弁護士会連合会（以下「近弁連」といいます。）民事介入暴力及び弁護士業務妨害対策委員会（以下「民暴委員会」といいます。）の夏期研修会のテーマの一つとして取り上げられた「教育現場における不当要求の実態把握と対策」の研究成果から成り立つものです。この研究成果は、大阪弁護士会民暴委員会の副委員長であった中嶋勝規弁護士をチーフとして、近弁連を構成する大阪、京都、兵庫、奈良、滋賀、和歌山の六つの単位会弁護士会の民暴委員会の若手から中堅、熟練弁護士までの弁護士が「近弁連は一つ」の合い言葉の下に開催担当であった奈良弁護士会民暴委員会を強力にバックアップして、収集、分析した資料と、大久保幸一先生（現・大和高田市人権教育推進協議会事務局長）をはじめ教職のご経験のある方々からの貴重なアドバイスとともにできあがったものです。

　近弁連民暴委員会の夏期研修会には、民事介入暴力対策に熱い血を燃やす民暴弁護士が、遠くは釧路、札幌から徳島、岡山、広島などから、多く参加されました。多くの方から、資料の送付のご要望や、学校の先生が出版を待望している等の温かいお言葉を賜りました。

　教育現場の全てが深刻な状況ではありませんが、本書末尾に付けられている仮処分事例をご覧頂ければ、現実の教育現場はかなり疲弊していることがわかります。不当要求対策から逃避せず正面から対峙することは、我々弁護士も含めて大変な労苦を伴うことです。しかし、ここから逃げずに是は是、非は非としてきちんと対峙することが、子供の教育を受ける権利を実現する上でも必要ではないでしょうか。

　この本がそのための一助となれば望外の幸せでありますし、これを機に多くの弁護士の連携が叶うことを願ってやみません。本書は、今回、法的義務の有無について一定の見解を示すことに重点を置きました。具体的対処法については、本来、現場の先生方の意見も交えて充分討論しなければならないところですが、現況、全ての事例について教育現場の先生方と討論を行う余裕がなかったため、やや不十分な点があるかもしれません。本

書をご覧になってご協力いただけるという教育現場の先生方がいらっしゃれば、今後、機会を得て具体的対処法について考え直していきたいと思っています。

　学校事故における注意義務違反等の判例分析、理論的な検討としては、明治大学名誉教授伊藤進先生の「学校事故の法律問題」(三省堂)という先駆的な書物があり、本書もこの書物に大きく負っています。

　本書の作成に当たっては、日本弁護士連合会民事介入暴力対策委員会委員長の河野憲壯弁護士から貴重なアドバイスをいただき、また、出版に漕ぎ着けるまでには、平成27年度近弁連民暴委員会担当理事である中務正裕大阪弁護士会副会長及び関係者の方々に多大なるご尽力を賜りました。近弁連民暴委員会担当事務局である大阪弁護士会委員会部司法課課長白谷成一氏にも、格段のご配慮をいただきました。あわせて御礼申し上げます。

　平成27年9月

　　　　　　　　　平成26年度　近畿弁護士会連合会
　　　　　　　　　民事介入暴力及び弁護士業務妨害対策委員会委員長
　　　　　　　　　　　　　　　弁護士　森　谷　長　功

本書の目的と特色

◎目　的

　この本は、子どもの学習権の充足のために、学校の先生方が保護者等からの不当要求等に強い心で自信をもって対処してもらうために書かれたものです。

　そして、もう一つの目的は、学校で生じている実態を広く世間に知ってもらうことです。

　従来、学校で問題が起こると、ややもすると、我々弁護士も、世間も、学校を責めることしかしてこなかったきらいがあるように思います。

　その理由の一つとしては、現在の学校での実態を知らないため、勢い、先生が権威をもっていた頃の自分との体験を重ね、「先生は一体何やってるの？」「やることやっていないんじゃないの？」と思ってしまうことがあったように思います。

　確かに、学校・教師に問題があることも多いですが、他方で、明らかに保護者側に非がある例も多数認められ、健全な学校教育を確立するためには、学校・教師を責めるだけでは、解決しないように思われました。

　実際、悪いこと（いじめなど）をして叱られた子どもの親が、教師に対して、「自分の子どもがそんなことをするはずがない。子どもの心に傷を付けた。子どもに土下座して謝れ。」と言って、親と同席する子どもに対して土下座をさせる例も多々見受けられます。これでは、子どもを叱った先生の面子も権威も丸つぶれです。以後先生はこの子どもを含めた子ども達に対してどのように向き合えば良いのでしょうか。その結果、心を病んで退職するベテラン教師も後を絶ちません。このような実態では、いじめの防止はとても困難ではないでしょうか。

　加えて学校・教師への要望は驚くほど多く、これに全て応えると学校・教師は疲弊するだけでなく、良質な人材が教師への志望をしなくなるという憂うべき事態も招来しかねないことになります。学校・教師の物理的あるいは精神的負担を軽減できないだろうかとの思いもありました。

◎特　色

【法的義務の明示】

そこで、この本では、学校・教師に対する要望のうち、法的義務があって必ず応じなければならないものと、法的義務はなく教育学的観点から任意に応じればよいものとの区別を明らかにすることにより、学校・教師の心理的負担を軽減することを試みました。

そのため、先ず、事例ごとに、「法的義務の有無」を明確にしました。おそらく類書では初めての試みだと思います。

但し、現状過重となっている学校・教師の心理的負担の軽減を目的としたため、法的義務を厳格に解釈し過ぎて狭く考えすぎている可能性も充分あり得るところであり、これについてはご批判を待って修正を施す必要があると思っています。

法的義務の有無については最終的には裁判例の集積を待たなければ確定しないものもあります。その意味では、本書の解釈は一つの法解釈に過ぎず、絶対的なものではありません。また、判断は個々の具体的事情により異なります。したがって、本書の記載を一つの目安としていただきつつ、個々の具体的事案についての法的義務の有無については個別に弁護士に相談していただきたいと思います。

しかし、学校・教師に対する過重な要望に対するアンチテーゼのために法的義務を明らかにしようとした意味は大きく、弁証法的に正、反、合、を繰り返すことにより、最後に正しい結果を導く為の一助になるのではないかと思っています。

【具体的事例の摘示】

現実に学校で起こっていることを世の皆様に広く知っていただくために、特定性を避ける為の修正は施されているものの、実際に生じた事例に則することを心がけました。掲げられている事例は、全国の集積事例をもとにしています。一見特殊に見えますが、実は、事例的には全国的に多発している共通のものです。

編集者・執筆者一覧

編 集 者

森谷長功　　米倉正実　　中嶋勝規　　橋森正樹
田中博章　　福栄泰三　　濱　和哲　　古川純平
樫元雄生　　小川哲史　　山本　直

教育対象暴力プロジェクトチーム（五十音順）

大阪弁護士会
　伊田真広　　柿原　学　　樫元雄生　　幸尾菜摘子
　櫻井朋子　　櫻田　司　　中嶋勝規　　野村洋平
　橋森正樹　　濱　和哲　　福栄泰三　　古川純平
　前田敏洋　　宮崎弘太郎　森谷長功　　米倉正実
京都弁護士会
　北峯功三　　竹中重治　　若宮隆幸
兵庫県弁護士会
　荻野泰三　　菊井公策　　木村裕介　　久米知之
　藤掛伸之　　的場健祐　　宮本次郎　　吉田　皓
奈良弁護士会
　小川哲史　　新畑　康　　谷口宗彦　　畠中孝司
　山本　直
滋賀弁護士会
　富塚浩之
和歌山弁護士会
　田中博章　　谷口　拓　　中村大器　　和田　篤

凡　　例

1　本書及び裁判例年月日別索引で用いた略語は、次のとおりである。
　(1)　判例集出典名
　　　民集　　　　最高裁判所民事判例集
　　　刑集　　　　最高裁判所刑事判例集
　　　高民集　　　高等裁判所民事裁判例集
　　　行裁例集　　行政事件裁判例集
　　　刑裁月報　　刑事裁判月報
　　　判時　　　　判例時報
　　　判タ　　　　判例タイムズ
　　　判例自治　　判例地方自治
　　　交通民集　　交通事故民事裁判例集
　(2)　裁判所名
　　　最高（裁）　　最高裁判所
　　　○○高（裁）　○○高等裁判所
　　　○○地（裁）　○○地方裁判所

2　本文中の「参考判例」（網掛け部分）については、次のとおりとした。
　(1)　判決の引用部分はカギ括弧とした。
　(2)　重要な部分については、太字又は傍線を付した。
　(3)　引用部分以外は、執筆者が判決内容をもとに簡潔に記した。

目　次

推薦のことば

教員の使命と責務〜本書の推薦の辞〜

はしがき

本書の目的と特色

編集者・執筆者一覧

凡例

序　教育対象暴力対策への思い ─────────── 1

第1章　学校内外での生徒・児童の事故 ───────── 12

1　学校内の授業や施設利用と関係ない生徒間の喧嘩・いじめに関する学校の責任 ……………………………………… 12

事例1　児童同士の喧嘩は教員の指導不足が原因とクレーム／12

事例2　生徒同士の喧嘩で負傷したのは学校の責任とクレーム／12

事例3　休憩時間中のできごとに対するクレーム・通知書の受領拒否／22

事例4　トラブル解決に対するクレーム／26

事例5　いじめ対策の執拗な要求／27

事例6　保護者以外の者からの不当要求・教育委員会の調査義務／36

事例7　いじめ被害者の保護者からの不当要求／42

事例8　いじめ被害者の保護者からの加害生徒についての出席停止、転校の要求／42

事例9　自主退学の勧告に対するクレーム／49

事例10　いじめ加害者を注意したことに対するクレーム・授

業見学の要求／**51**
　2　学校の授業や施設利用により発生した事故に関する学校の
　　責任 …………………………………………………………………… **54**
　　事例11　体育授業中の眼鏡破損の弁償要求／**54**
　　事例12　授業中の自転車練習中の転倒事故／**56**
　　事例13　暴力団をほのめかす親族からのクレーム／**58**
　　事例14　運動会での順位のクレーム／**60**
　　事例15　病院までの交通費及び休業補償の要求／**62**
　　事例16　教員の不用意な発言に対する謝罪要求／**63**
　3　生徒間の喧嘩・いじめ──相手方児童生徒との面会等の要求 ……… **66**
　　事例17　保護者からの喧嘩の相手方児童への面会要求／**66**
　　事例18　いじめ被害児童保護者からの加害児童クラス替え要
　　　　　　求・その保護者との仲裁要求／**67**
　　事例19　深夜に至るクレーム／**70**
　4　事故後の学校の対応 ………………………………………………… **72**
　　事例20　幼稚園内事故の保護者への連絡／**72**
　　事例21　特別支援学校での怪我に保護者が過剰に反応／**74**
　　事例22　教育委員会への苦情電話／**76**
　　事例23　自殺した児童の保護者が、原因は担任にあると主張
　　　　　　／**78**
　　事例24　軽度の怪我が帰宅後に判明／**81**

第2章　教材費（給食費、修学旅行費、副教材費） ―――― **84**

　　事例25　給食費・修学旅行費不払いに関する不当要求／**84**
　　事例26　費用未払いにもかかわらず修学旅行に連れて行かな
　　　　　　かったとクレーム／**94**
　　事例27　修学旅行先での体調不良で迎えに行った費用を要求
　　　　　　／**96**
　　事例28　修学旅行キャンセル料の支払いを拒否／**98**
　　事例29　副教材費は必要ないとして支払いを拒否／**99**

第3章　不登校 ―――――――――――――――――― 102

- 事例30　不登校生徒の保護者が学力保障を要求／102
- 事例31　警察署に連れて行ったことに抗議しての不登校／102
- 事例32　不登校生徒が別室で授業を受けた際の苦情／106
- 事例33　教育委員会へ直接の苦情／107
- 事例34　児童を登校させない保護者／109

第4章　学校側の裁量事項―施設管理、職員人事、生徒児童に対する指導方法等 ―――――――― 112

1　教員の時間外勤務 ―――――――――――――――― 112
- 事例35　保護者からの苦情が夜遅くまで続く／112
- 事例36　教諭の休暇を認めない保護者／116

2　施設管理権について ――――――――――――――― 123
- 事例37　鍵のかかる靴箱への変更要求／123
- 事例38　暴力団員の保護者が校内ルールを無視／124
- 事例39　皮膚病は校舎の素材と担任の化粧が原因とのクレーム／126

3　職員人事について ――――――――――――――― 129
- 事例40　担任教員の変更要求／129
- 事例41　保護者からの執拗な苦情により担任が心労で休職／130
- 事例42　担任変更を教育委員会に直接申入れ／131
- 事例43　過去に担任変更をさせた保護者からの執拗な担任変更要求等／131
- 事例44　担任と教頭を転勤させるよう教育委員会へ要求／132
- 事例45　以前に問題のあった教員が再び子どもの担任教員になったとして変更を要求／134
- 事例46　教育実習先でパワーハラスメントを受けたとして、実習生の保護者が懲戒処分を要求／135
- 事例47　児童が消しゴムのかすやクリップを投げた行為を暴

　　　　行として被害児童保護者が警察に通報／**136**

　　事例48　「教員を辞めます」という念書を無理やり書かせる
　　　　保護者の行為／**138**

4　校則について ……………………………………………………… **141**

　　事例49　暴力団員の保護者から校則禁止事項を見逃すよう要
　　　　求／**141**

　　事例50　過去に不登校歴があるとして、特別な対応を要求
　　　　（携帯電話の所持）／**144**

　　事例51　学籍抹消等を求め、教育委員会へ苦情電話／**147**

5　部活動について …………………………………………………… **149**

　　事例52　レギュラーを外された生徒の保護者が学校に深夜ま
　　　　で居座る／**149**

　　事例53　部活動廃止の撤回を要求／**151**

　　事例54　部活動と学業の両立ができないとして教育委員会へ
　　　　苦情電話／**153**

　　事例55　部活顧問の暴行、暴言を理由とする顧問の変更要求
　　　　／**154**

　　事例56　生徒の部活用具が壊れたとして、学校側に弁償を要
　　　　求／**155**

　　事例57　予選会2位の児童の保護者から、1位の児童に負け
　　　　たのは、教員の応援にえこひいきがあったことが原因
　　　　とのクレーム／**157**

6　その他学校の裁量事項について ………………………………… **160**

　　事例58　授業見学を申し出た保護者が授業を妨害／**160**

　　事例59　学習指導方法等の不満を教育委員会へ申入れ／**161**

　　事例60　成績表の書き換えを要求／**163**

　　事例61　苦情の多い保護者から「毎日体操を行うべき」との
　　　　要求／**164**

　　事例62　衣替え時の夏服着用を指導しない不公平な取扱い／**165**

　　事例63　生徒本人からの授業時間数変更の要求／**166**

第5章　学校外の第三者からの不当要求 ── 168

1　授業や部活動等の学校の監督下にある状況における生徒児童の行為、学校の施設について ── 168

- 事例64　学校から発生する音がうるさいとのクレーム／168
- 事例65　通行人が接触事故で治療費の支払いを要求／171
- 事例66　校庭周囲の擁壁設置は危険性が高いと苦情／173
- 事例67　テニスボールで自動車が凹んだとのクレーム／175
- 事例68　修学旅行先での通行人とのトラブル／177
- 事例69　昼休みに近くのマンションで生徒が喫煙による迷惑行為／179

2　登下校中の生徒児童の行為について ── 183

- 事例70　自転車等の通学中での事故・コンビニからのクレーム／183
- 事例71　生徒が登下校中に落書きしたとして引渡しを近隣住民が要求／186
- 事例72　通学路使用で道路の通行が困難と住民がクレーム／188
- 事例73　登下校時の電車内マナーが悪いと教育委員会にクレーム／189

3　学校外における生徒児童の行為について ── 192

- 事例74　マンション・公園内での遊びをやめさせてほしいという地域住民のクレーム／192
- 事例75　自宅に対する迷惑行為防止の要求／192
- 事例76　ショッピングセンターでの迷惑行為の防止要求／192
- 事例77　隣の家の騒音をやめるよう教育委員会へ苦情電話／193
- 事例78　公園での花火をやめるよう学校に電話したが、学校側の対応が悪いと教育委員会へ苦情／193
- 事例79　自転車通学を認めるよう脅迫まがいの要求／196

第6章 その他 ――――――――――――――――――― 198

- 事例80　学級担任の言動が不快として教育委員会に電話／198
- 事例81　校長に不適切な言動があったと教育委員会に苦情電話／199
- 事例82　弟が体罰で不登校になったとして兄が教育委員会へ苦情／200
- 事例83　教師としての適性に疑問ありとして、教育委員会へ匿名でのクレーム／201
- 事例84　停学処分前の保護者との説明面談の際の不当要求／203
- 事例85　教員が生徒から受けた暴行を警察に通報する行為／205
- 事例86　卒業証書を受取らず、証書を渡さないとクレーム／207
- 事例87　正門前のチラシ配布を注意されたのが営業妨害とクレーム／208
- 事例88　就学時健康診断での医師の態度が悪いと教育委員会へクレーム／210

資　料

- ●仮処分事例／212
- ●学校、教育問題について弁護士からの提言（「日本教育」平成20年1月号（364号）より）／221

事項別索引／226
裁判例年月日別索引／228

序　教育対象暴力対策への思い

　学校が不当要求に困惑しており、その対策が必要であるとの認識は、予てから弁護士の中にも存在していました。しかし、学校側・教師側を保護するという観点からの積極的な活動はあまり見受けられなかったように思います[1]。

　我々の認識は、「確かに学校・教師の対応には不適切なところもあり、児童・生徒・保護者の側に立ってこれを正していくことは弁護士の大切な使命である。他方で、保護者等の不当要求もあるから、これを学校・教師の側に立って正していくことによって、よりよい教育環境が形成されれば、それは子どもの学習権の充足に資する。従って、児童・生徒・保護者側からの対策と学校・教師側からの対策どちらか一方でも欠ける事は好ましくなく、車の両輪のように双方ともになされなければならない。両者は決して対立するものではない。」というものです。

　教育界においては、その理念上、保護者等に対して「暴力」「不当要求」の言葉を使うのは抵抗があるとのお話を伺いますが、後述の理由によりあえて「教育対象暴力」[2]という言葉を使うべきと考えています。

1　対策の必要性

(1)　かつて、学校の先生は尊敬を得られる社会的地位にあり、児童・生徒はもちろん保護者からも尊敬の念を抱かれ、その当否は別として「学校の先生の言うことは聞かなければならない。尊重しなければならない。」という慣習がありました。また、「教育を含めて我が子を一人前の立派な大人に育てるのは、親の務めであり、教育の基本・第一

---

[1] この観点から弁護士会が組織的に取り上げたのは、日本弁護士連合会（以下「日弁連」といいます。）の民事介入暴力対策委員会（以下「民暴委員会」といいます。）、平成22年度の行政対象暴力対策部会が最初であると思います。

[2] 「教育対象暴力」の呼称は、当時日弁連民暴委員会委員の町田清弁護士（長野県弁護士会）の「行政対象暴力になぞらえて教育対象暴力としたら」とのアドバイスから民暴委員会でこの言葉を用いるようになりました。

次責任は親である。」「学校では勉強と社会的団体生活を学習し、躾を含めた人間教育は家庭が主である。」との認識が一般的でした。

　それゆえ、学校外で起きたことについては、学校を巻き込むことなく保護者自身が主体的に保護者同士あるいは相手方との関係において解決を行ってきました。

　従って、学校及び教師への要望はさほど多くはなく、また要望自体も理性的な内容・方法によるものでした。

(2)　ところが、最近においては、教師の社会的地位が相対的に低下して尊敬の念が薄れたこと、また、保護者において「我が子を教育しなければならない第一次責任者は親である」との意識が薄れたことに伴って、親としての自らの責任を棚上げして何でも学校・教師に要求するという事態が増加してきました。そのために教師は、深夜まで応対することが希ではなくなり、理不尽な要求に対する対応に追われて疲弊し、退職者・休職者が続出することとなりました。自治体によっては、優良な教師を採用できなくなる事態に陥っています。

　教育対象暴力の現状把握のため、多数の都道府県でヒアリングを行いました。ヒアリングの中で驚いたことがあります。「子どもを人質に取られている」という言葉です。これは、かつては親が学校に対していだく感情でした。ところが、現在は、教師・学校が「子どもを人質に取られている」というのです。どういうことかと聞きますと、保護者のいうことを聞かないと保護者が子どもを学校に行かせないというので、子どもを学校に来させるために保護者の要求に応じるというのです。

　そんな本末転倒的な内容がどうして大まじめで論じられるのか、と疑問に思いましたが、実際に多く耳にする話です。

(3)　貧富の差がなく広く公教育が円滑に行われることの重要性はいうまでもありません。教育が人としての礎であることも今更論じるまでもありません。「学級崩壊」や「いじめ問題」をはじめとした諸問題の解決を図るうえにおいても、教師が疲弊している現状を改めることは一つの重要な課題であると思われます。

ヒアリングにおいても、教育の現場からは、弁護士からの法的アドバイスを得られるシステムが渇望されています。一般に疎いところの法律知識を得られると共に、弁護士の意見を聞くことによって後ろ盾を得、あるいは後に述べる「教師の呪縛」から解放されて自信を持った応対ができるからです。文部科学省によりスクールカウンセラーの制度は導入されました。同様に各学校に一人の相談弁護士（スクールローヤー）を配置することも、もはや不可欠であり、行政の予算措置要求を含めて弁護士会をはじめとして広く国民が取り組むべき最重要課題の一つであると思います。

　スクールローヤー制度の必要性については、従来から提言してきたところですが、現場の要請から同様の制度が児童相談所においても求められているとの情報に接しました。日弁連が発行している「自由と正義」2015年6月号17頁です。福岡市こども総合相談センター所長である精神科医の藤林武史氏により、常勤弁護士の必要性について大要次のように書かれています。

> 近年は、保護者側に代理人弁護士がつくことも少なくなく、慣れていない担当児童福祉司にとっては非常に負担が重い。厚生労働省が定める児童虐待防止対策支援事業の一つとして「法的対応機能強化事業」が予算化され、児童相談所と契約した弁護士からの法的な助言を得ることが可能となっている。福岡市でも、この事業を活用して定期的な弁護士相談日も設けていたが、日常的に発生する権限行使の是非をめぐる協議や保護者側弁護士とのやりとりに対して月2回の相談では間に合わないことから、迅速な判断を行うための強力な後ろ盾として常勤弁護士の配置を2011年に導入した。効果は予想を遙かに超え、弁護士にリアルタイムに相談できることで、職員は確信をもった対応ができる。無意識に親権者の意向を考えてしまい、「トラブルを避けたい」「訴訟問題に巻き込まれたくない」という職員の中に絶えずあった不安が払拭された。児童相談所の権限行使の適正性を担保するためには、常勤弁護士の配置が必要である。

上記のことは、学校でもあてはまると思います。不当要求（民事介入暴力）のターゲットは最初は私企業でした。民事介入暴力の対策が私企業で進んでくると、今度は行政機関がターゲットとなりました。行政対象暴力対策が進んできた今、学校に対する教育対象暴力対策を講じる時ではないでしょうか。

2 教師の法的義務と理想像との区別

義務（「しなければならない」）か、個々の教師のあり方の問題（「すべき」もしくは「した方がよい」）か

(1) 教師が不当要求への応対を簡単に打ち切れない原因

ア 教師の呪縛

現実に教師は24時間、休みなしに児童・生徒保護者への対応を余儀なくされています。

その原因の一つは、理想の教師像の行き過ぎたとらえ方にあると考えられます。

教師像は、例えば「①教育者は聖職者であり子どものためには私生活の犠牲も厭うべきでない。②教育者は24時間常に教育者である。③児童・生徒・保護者には悪い者はいない、必ず話せば分かる。」というものです。

教育学では「モンスターペアレンツと思うな、クレームは親との対話のきっかけである」との言葉もあるそうで、この言葉が一人歩きすると建前を重視する日本社会においては、後記3(1)①の明らかな民暴事案類型においてさえ、教師は心理的に外への救済を求めることが憚られることになります。

むしろ、学校・教師は、不当要求対応どころか、「父兄からの申し出が苦情にならぬよう。」「クレーマーに育てぬよう。」、例えば、『電話は三回コール以内に出る』などのマニュアルや指導を受けているくらいで、極めて「穏便に、穏便に。」の姿勢で、「『クレーマーと闘う』などとんでもない。」との意識がある、との指摘もあります。

そのようなことから、教育現場からは、「暴力」「不当」という言葉が嫌われ、「教育対象暴力」という言葉に抵抗があり、過剰要求という言葉が好ましいという傾向にあります。
　イ　理想の教師像の行き過ぎた呪縛からの解放
　　しかしながら、不当なことは不当、違法なことは違法であり、これを明らかにせず目をそらして覆い隠すことは、正しい教育とはいえません。また、結局、理想の教師像の行き過ぎた呪縛からも逃れられないことになります。
　　理想の教師像の行き過ぎた呪縛は、集団生活において社会的秩序を学ぶ場でもある学校において、「無理を通して道理を引っ込める」結果となり、結局、「悪い者が得をする」「嘘も言った者勝ち」「結局力の強い者が勝って正義は行われない」という誤った価値観を児童・生徒に植え付けることになって、教育目的にも理想の教師像が目指す「温情と良識を育てる教育の理想」にも真っ向から反することになると思われます。昨今のクレーマー社会の遠因はこのような教育現場での現況にあるかもしれません。
　　理想の教師像の行き過ぎた呪縛から教育現場が開放されない限り、真の教育の理想は実現できません。
　　その意味で、「教育現場における不当要求」ではなく、あえて「教育対象暴力」と呼ぶことによって、理想のみではなく現実も直視し、教師の呪縛を解きたいと考えるのです。
(2)　必ず実行しなければならない法的義務なのか、それとも努力目標なのか
　ア　いかなる職業においても、職業として果たさなければならない「法的義務」と、個々人のプライドによって自律される個々人としてのあるべき職業観を反映しての努力目標があると思われます。
　　従前、教師が尊敬されている頃は、保護者等が無理難題をいうことは少なかったため教師のなすべき義務について法的義務と努力目標が混在したまま語られていても、さほど弊害がありませんでした。
　　しかし、保護者等が何でも言いたい放題となった現在において、

法的義務と努力目標を明確に区別せず、すべてが教師として応じなければならない義務として論じてしまうと、24時間、365日休みなしという、教師の人権を無視したおよそ実現不能なことを強いることになり、教師が疲弊してしまう結果となってしまいます。

イ　そこで、法的義務と教師としての努力目標とを明確にして、義務領域と、果たした方が好ましいが必ずしも義務ではないという領域とを明らかにし、教師がすべての要求に応じなければならないわけではないとして、教師の心理的負担を軽減しようというのが本書の狙いです。

　努力目標が個々人の教師像から導かれるものであるならば、それは、教育学の成果として「あるべき教師像」が概念されるとしても、その教師像をいかなる範囲で受け入れ実現していくかは、おそらく最終的には個々人の教師の自律の問題であって、他者から強制されるべき問題ではないということを明らかにしたいということです。

ウ　従前、法的義務と努力目標の区別が明確に意識されずに「教師像」のもとに混在して論じられてきたところに学校の悲劇があったように思われます。特に法律家は、保護者側、学校側のいずれの立場に立つかを問わず、この区別を明確に意識しておく必要があると思います。

エ　なお、ここで重要なことは、法的義務と努力目標の区別論が、教師は法的義務さえ守っていれば努力目標は実現しなくともよいということを意味するものではないということです。教師は、教育者としてのあるべき理想の実現のために、教育学の成果として理想の教師像を追求しなければなりません。しかし、それは他者から強制されるべきものではなく、教育学の成果として得られた理想の教師像に向けて自律的に努力すべきものであるということです。法規範と職業倫理観との問題といえるかもしれません。

オ　さらに、「教師」と「児童・生徒」との間の問題と、「教師」と「保護者・第三者」との間において、教育論の支配する範囲が異な

るのではないかということです。

　つまり、「教師と児童・生徒との間の関係」については教育論が支配するが、「教師と保護者・第三者との間との関係」については、教育論は前者に比較して後退し法規範を含めた規範の観点が強まるのではないかということです。

3　教育対象暴力に弁護士が介入することが適切か

(1)　教育現場の不当要求について弁護士が介入することが適切でしょうか。

　教育論との関係です。教育は、子どもと子どものことを思う親との問題であり、その意味でセンシティブであって、一般的に教育論に造詣の少ない弁護士が果たして対処できるのかということです。

　教育学者、教育行政実務者の中には、「教育の場に法律が入ってはいけない」という考えが根強くあると聞きます。

　教育対象暴力への対処につき教育論にどの程度配慮すべきかの問題です。

　この問題を実践的に考えるには、現実に起きている教育現場での不当要求の実態を把握する必要があります。

　現時点における調査結果からの把握において、教育現場における不当・過剰要求は、概ね次のような類型に分けることが可能と思います。

① **民暴事案類型**

　ここでは、教育問題にかこつけて、金銭その他の利益を得ようとする若しくは暴力を振るうケースとします。

　　例えば暴力団の親、若しくは親が暴力団エセ右翼エセ同和等の第三者を同道して、包丁、日本刀を突きつけ、あるいは入れ墨、欠損した指を見せ金員等何らかの利益を得ようとするケースです。

② **行政対象暴力類似類型**

　　ここでは、教育問題にかこつけて、困らせるためだけのクレーム、クレームのためのクレーム、実質的には子どもの教育を受ける権利の実現の為に行われているものではない権利濫用型のケースと

します。
　　　例えば、いじめをやめるように教師が子どもに注意すると、その子どもの親がでてきて、「子どもはいじめていないと言っている、子どもが傷ついた、子どもに対して、土下座して謝れ。」等と要求し、教師が応じないと校長に攻撃を向けて校長を通して教師に謝らせるというようなケースです。
③　熱心な普通の親が行う学校への過剰要求型
　ここでは、真に子どもの教育のことを考えての行動であるが、本来学校に要求すべき事柄ではないこと、あるいは学校が応じる義務がないことまで過剰に要求するケースとします。
　　　　　例えば、学校外で生じた私生活上での喧嘩の仲裁を学校に求めるというケースです。
　上記①②は、教育現場の特殊性があるにせよ、法律論の領域として、基本的には今まで弁護士が民暴・行政対象暴力等の不当要求対策で培ってきたノウハウを十分に応用できます。不当要求を行う親の中には現役の暴力団組員も存在しており（なお、暴力団組員である親が学校に対して必ず不当要求行為を行うということを意味しません。）、むしろ不当要求者との対決については、現場対応も含めて、弁護士の領域ともいえます。
　センシティブな領域は③の領域です。
　③については、教育的要素が強くなるため、教育の専門家としての教師の意見を尊重すべきであり、かつ、暴力的要素が減るので弁護士の担当領域が減ることになると思われます。
　上記①から③に行くに従って、「暴力的要素」から「教育的要素」が強くなっていきます。つまり、①から③に行くに従って、専門領域が、弁護士の領域から、教育者としての教師の領域、つまり弁護士の意見よりもより教師の意見が尊重されるべき領域と移っていきます。③は、まさに法的観点というよりも、教師としての教育論が支配する領域ともいえます。弁護士の領域から依頼者の専門領域への移行という点は、あらゆる種類の事件に共通することでもあります。行政対象

暴力への取り組みにも似ている部分があります。そこにも個々人の公務員としての職務のあり方像があるからです。

　なお、③においても、学校の問題と学校外の問題との区別ができていない保護者に対して、具体的事例に応じて、弁護士が直接又は教師を通じて間接的に適切なアドバイスを繰り返し繰り返し行うことによって、学校で解決すべき問題と家庭で解決すべき問題との区別及び理解を得ることにより、一定の基準ができあがれば学校・教師への負担は軽減されると思います。

(2) ①②と③の区別は可能か

　ところで、①②と③との区別は難しい場面があります。子どもの権利擁護の観点から見た場合において、要求方法が不相当で②の類型と外形的には同様であるが、子どもを真に思う心から手段が不相当に及ぶ場合があるからです。しかしながら、第1に子どもを真に思う心からの要求で要求自体が正しい場合であっても、手段が不相当である場合は、これを相当な手段に改めさせることが必要です（なお、不当要求対策は、正当な要求まで封じることを意味しません。）。第2に、手段が不相当な場合においても、弁護士の関与が必要な事案か（①②）、教育者として教師の対応のみで足りる事案（③）か否かの区別は、弁護士の助言を得られる体制の下においては、弁護士の助言を参考にしつつ、保護者等に対する日頃の接触により得ている感覚をもって、教師にとっては容易と思われ、実際には問題は生じないと思われます。

(3) 学校と保護者との日常関係性

　教育対象暴力が一般の不当要求事件と異なり難しいところは、依頼者と加害者との間に弁護士が入って関係を断絶することができないこと、日々の学校生活の中で児童・生徒、児童・生徒を通じての保護者との関係を継続しなければならないというところです。しかし、このようなことは、一般の不当要求事件、行政対象暴力事件においてもしばしば起こり得ることです。弁護士の関与によって関係が改善されることも多くの経験例があります。

4　子どもの学習権の実現

　子どもの学習権の実現という点から見た場合、問題が生じた個々人の子どもの学習権の実現を図る観点からの立論は大切です。

　そして、問題が生じていない子どもを含めた全ての子どもの学習権の実現を図る観点からは、学校・教師側を不当要求から守り教師が教育専門家として教育活動に専念できる教育環境を整備することが必要不可欠なことだと思います。また、「正しいことは正しい、間違っていることは間違っている。」という条理を学ぶことは、全ての子どもの成長にとって必要なことでもあります。それゆえ、子ども側に立つか、学校側に立つかのアプローチの違いはあっても、究極的に子どもの学習権の実現を図るという点で、互いに同じ目的地をめざすこととなります。

5　弁護士の関わり方

　紛争解決に当たっては、弁護士である以上中立公正な視点で、子ども・保護者側、学校・教師側、いずれに対しても適切なアドバイスが可能です。

　前記①②の不当要求の範囲では、法律論が優先して教育論の出番が減り、逆に③の領域においては、法律論の出番が減って教育論が主になると思われます。むしろ教育論が主となる領域は、教師の専門領域であり、弁護士は、いずれの立場に立つにせよ、教育学の分野、専門職のあり方（教師像）にまで立ち入るべきものではなく、法律的な助言にとどまるべきであると思われます。

6　結言に代えて

　我が国の教育現場が不当要求により相当に疲弊しているのは間違いなく、これについての対策が求められます。

　法律家による支援システムのない現況においては、前記理想の教師像による呪縛の他、人事、査定への影響をおそれて、ややもすると、学校側は、不本意であるにもかかわらず、穏便にとにかく問題が広がらない

ように、事案の究明もせず、事の善悪にもかかわらず、「校長の俸給は、父兄に対する謝り代」と言って、直ぐに保護者に謝る、担任を同行して直ぐに謝罪に行く、土下座する、というような事態に陥り、だんだん事の善悪の区別が曖昧になって、秩序が乱れていくという結果を招来しているという事例もあるように思います。

　このような現実をおそらく教師は誰一人として好ましいとは思っていないでしょう。また、このような不健全な心理的不安は除去されなければなりません。

　それゆえにこそ、教育現場から法律家による支援システムが渇望されるのであり、各学校に一人の弁護士を設置するスクールローヤー制度の早急な実現が望まれます。

　なお、スクールローヤー制度実現までの過渡的な措置として、教育委員会との契約により弁護士による法律相談制度の運用が考えられますが、この相談システムを実効性あらしめ教師が気兼ねなく利用する為には、「人事権を有する教育委員会事務局の査定をおそれ悩みを上げられない」という学校側の心理的圧迫を除去する必要があります。そのためには、この制度の先駆者である東京都港区の例[3]に見られるように、教育委員会を通さず校長が弁護士に直接相談を行い、弁護士から教育委員会への件数報告は、学校名等は記載せずにカテゴリー化した抽象的な記載にすることなど、教育委員会に具体的内容等、学校を特定できるような情報は記載しないというシステム的配慮が不可欠であると思います。

---

[3] 法律相談制度立上げの経緯については、綱取孝治弁護士、日本教育No.364平成20年1月号、公益社団法人日本教育会、25頁以下（本書末尾資料所収）。

第1章　学校内外での生徒・児童の事故

① 学校内の授業や施設利用と関係ない生徒間の喧嘩・いじめに関する学校の責任

事例1　児童同士の喧嘩は教員の指導不足が原因とクレーム

　小学校の教員Aが、放課後に学校外の公園で発生した児童の喧嘩を理由に、喧嘩の一方当事者の児童Bの保護者Cから呼び出された。児童の自宅を訪問したところ、保護者Cから「日頃の指導がなっていない」と罵倒された。

　教員Aが保護者Cの余りの剣幕に、保護者Cの求めに応じ、やむなく土下座をした。保護者Cは、教員Aが土下座する様子を携帯電話のカメラ機能で撮影した。

　さらに、教員Aは保護者Cから、今後児童Bが二度と他の児童から喧嘩を売られたりいじめられたりしないようにする旨の「誓約書」を作成させられた。

論点

1. 学校関係者が、子どもの喧嘩に関して監督義務違反により責任を負うのはどのような場合か。
2. 土下座や誓約書作成の要求に応ずる義務があるか。

事例2　生徒同士の喧嘩で負傷したのは学校の責任とクレーム

　放課後、学校外の公園で中学校の生徒G、生徒Hが喧嘩をして、生徒Gが怪我を負った。また、その喧嘩により生徒Gの眼鏡が割れてしまった。

　これに対して生徒Gの保護者は、Hの保護者に対する責任を問わず、生徒G、生徒Hの担任教員の責任を問うとして、担任教員を立ち会わせて学校で話し合いの場を作ることを求めた。そして、生徒

> G、Hの担任教員は、校長や教頭に報告することなくこれに応じた。生徒Gの保護者は「Gの怪我は学校の責任でもある」として、生徒H及び学校に責任を取らせようとし、更に、生徒Gの怪我の治療費や眼鏡の損害賠償も請求してきた。

論点

1　学校外で起きた喧嘩について、学校が法的責任を負うか。眼鏡の損害を賠償する責任を負うか。
2　学校が法的責任を負わない事項に関して、担任教員を含めて学校で話し合いの場を作る義務はあるか。

法的義務の有無

1　はじめに

　未成年者について**生活全般にわたって包括的に監督義務を負う**本来の「監督義務者」は保護者である。

　これに対し、教員等の学校関係者は、保護者という法定の監督義務者に代わって、「<u>一定の局面</u>」（時間的・場所的・対象的にみて特定の生活関係について、つまり<u>学校における教育活動及びこれと密接な関係にある生活関係</u>）において監督する「代理監督者」（民法714条2項）にすぎない。

　代理監督者の場合には、「契約、法律または事務管理により一定の局面に限定された監督──しかも、監督を合理的な注意を尽くしておこなうこと──を引き受けたものであり、包括的監督義務を負うものではない。それゆえ法定の監督義務者の場合と異なり、被害者からの損害賠償請求に対し、みずからが引き受けた監督の範囲内で合理的な注意を尽くしたことをもって免責を認められる」とされている[4]。

　すなわち、**代理監督者**は、「時間的・場所的・対象的にみて特定の生

---

[4]　潮見佳男「不法行為法Ⅰ（第2版）」425頁（信山社、2009年）。

活関係について」のみ実際の監督に当たる者である。

なお、監督義務者と代理監督者の責任は併存可能であり、代理監督下（学校関係者の監督下）にあっても監督義務者（保護者）の責任が当然にないというわけではない。

2 学校関係者が、子どもの喧嘩に関して監督義務違反により責任を負うのはどのような場合か

(1) 公立の小中学校の教員の児童、生徒に対する保護、監督義務の法的根拠等

公立の小中学校の教員は、児童、生徒に対し、学校教育法を根拠として、親権者等の法定監督義務者に代わって監督すべき義務を負うと解されている。

> ⋯参考判例⋯
>
> **（東京地裁昭和40年9月9日判決・判タ183号170頁）**
> 「公立中学校の低学年担任の教員や学校長は、学校教育法によって生徒を親権者等の法定監督義務者に代つて監督すべき義務を負う」
>
> **（大分地裁平成2年11月13日判決・判タ757号223頁）**
> 「公立中学校の教師が、学校教育法の精神ないし立法趣旨からして生徒を親権者等の法定監督義務者に代わって保護監督する義務を負う」

なお、公立の小中学校の教員に監督義務があるとした場合の学校の責任については、主に国家賠償法1条1項によって導かれる。すなわち、加害行為を止めなかった不作為の場合でも、（監督義務の存在を前提に）教員の故意または過失によって学校事故が発生した場合、学校設置者は、国家賠償法1条1項に基づき、使用者として損害賠償責任を問われるとされている[5]。

---

[5] 俵正市「学校事故の法律と事故への対応（改訂版）」9頁（法友社、2012年）。坂東司朗・羽成守「学校生活の法律相談（新版）」325頁（学陽書房、2008年）。

(2) 公立の小中学校の教員の児童、生徒に対する保護、監督義務の範囲
　　公立の小中学校の教員の児童、生徒に対する保護、監督義務の範囲は、児童、生徒の特定の生活関係すなわち、**学校における教育活動及びこれと密接な関係**にある生活関係についてのみ監督義務を負うと解されており、実際にいかなる場合に、かかる義務が生じるかについては、教育活動の性質、発生した事象の時と場所、児童・生徒の年齢、知能、身体の発育状況等の諸般の事情を考慮して、当該事故が学校生活において通常生ずることが予見され、又は予見可能性がある場合、あるいはこれを予見すべき特段の事情が存在する場合に、監督義務が認められることになる。

　つまり、①学校における教育活動及びこれと密接な関係にある生活関係において発生した事故であって、かつ、②学校生活において通常発生することが予測できるような事故について、監督義務違反が問題になる[6]。

…参考判例…

（前掲東京地裁判決　下線引用者、カギ括弧部分は判決の引用。以下同じ。）
「中学校においては生徒は責任能力者に近い程度の事理の弁識能力を有し、かつ幼稚園や小学校と異なり、教員は生徒の学校ないしこれに準じる場所における教育活動及びこれに随伴する活動についてのみ生徒と接触することを考えれば、中学校の教員は、親権者のように責任無能力者の全生活関係につき監督義務を負うものではなく、生徒の特定の生活関係すなわち、学校における教育活動及びこれと密接不離の関係にある生活関係についてのみ監督義務を負うものと解するのが中学校教員の地位、権限及び義務に照らして相当と解する。これを生徒の不法行為についての責任についていえば、学校における教育活動及びこれと密接不離の関係にある生活関係に随伴して生じた不法行為、いいかえれば、その行為の時間、場所、態様等諸般の事情を考慮

---

[6] 伊藤進「学校事故の法律問題」116頁（三省堂、1983年）。

したうえ、それが学校生活において通常発生することが予測できるような行為についてのみ、中学校教員は代理監督者として責任を負うものと解される」

(福岡地裁平成元年8月29日判決・判タ715号219頁)

「この義務は、学校教育法上又は在学関係という児童・生徒と学校側という児童・生徒と学校側との特殊な関係上当然に生ずるものであるが、それが学校教育活動の特質に由来する義務であることから、その義務の範囲も、学校における教育活動及びこれと密接に関連する学校生活関係に限定されるものというべきである。特に教育活動上、外在的危険というべき生徒間事故において校長らの具体的な安全保持義務が生ずるのは、当該事故の発生した時間・場所・加害者と被害者の年齢又は学年・性格・能力・交友関係・学校側の指導体制・教師の置かれた教育活動状況等の諸般の事情すべてを考慮して、事故発生の危険性を具体的に予見することが可能であるような特段の事情がある場合に限られる」

(前掲大分地裁判決)

「右保護監督義務は、中学校における教育活動及びこれと密接不離の関係にある生活関係に限られるところ、その内容、程度は、教育活動の性質、学校生活の時と場所、生徒の年齢、知能、身体の発育状況等の諸般の事情によって異なるものであるから、これら諸般の事情を考慮して、当該事故が学校生活において通常生ずることが予見され、又は予見可能性がある場合、あるいはこれを予見すべき特段の事情が存在する場合に右保護監督義務違反の責任が生ずることになると解するのが相当である。」

(3) 休憩時間・放課後の生徒同士の喧嘩の事例における保護、監督義務の範囲

放課後の生徒同士の喧嘩の事例において、教員の保護監督義務が問題となった裁判例は、以下のとおりいくつか存在する。かかる裁判例からもわかるとおり、裁判例は、学校内の事故の全てについて監督義務違反があるわけではないとしており、学校内における喧嘩であっても、放課後の時間帯は、監督義務を否定する方向に働く事情になるとの評価が可能である（但し、放課後という点のみをもって否定されるというものではない）。

…参考判例…
（前掲大分地裁判決）
　本判決では、自主的な学習活動の時間として**学校が居残りを許容していた時間帯に起こったもの**として、学校の教育活動と密接不離な関係にある生活関係の範囲内にあることは認めながら、「何らかの事故が発生する危険性を具体的に予見することが可能であるような特段の事情のある場合は格別、そうでない限り、学校側としては、担任教師ないしは代わりの教師をして、教室に在室ないしは巡回させるなどして、右自主勉強に立ち会わせ、これを監視指導すべき義務はないというべきである。」と判示している。
　その上で、本件では、①担任教師らは、加害生徒が過去に暴行事件を起こしたことがあり短気で感情の起伏が激しい性格の持ち主であったことは知っていたものの、反面明るい性格も持っているごく普通の生徒と理解していたこと、②一般下校時である午後４時30分には、学年毎に定められている週番教諭が、それぞれの教室や校舎内を巡回して下校指導を行っており、それまでは各学年の教室の西側にそれぞれ隣接して存在する教官室に他の教諭数名とともに待機するという体制を採っていたこと、③自主勉強という性質、行われていた時間帯と場所、及び自主勉強をしていた生徒達がいずれも中学三年生で相当の社会経験も積み学校生活にも適応し、十分な判断能力と自立能力とを兼ね備えているといえることなどの事情から、「本件事故発生当時、附

属中には、何らかの事故発生の危険性を具体的に予見できるような特段の事情は存在しなかったというべきであるから、本件事故の発生を未然に防止すべく適切な措置を行う保護監督義務はなかったというべきである。」と結論づけた。

《放課後の教室で生じた中学３年生同士の喧嘩で、後頭部を手拳で殴打された生徒がくも膜下出血で死亡した事例》

（大阪地裁昭和50年３月３日判決・判時781号93頁）
　小学校における喧嘩で、喧嘩の発端が担当教員の知らない間に行われ、放課後の喧嘩も教職員の目につきにくい場所を選んで隠れて行われた事例において、監督義務を否定した。

《給食準備中の諍いが原因で決闘を申し込んだ小六女児が放課後、講堂裏で行った喧嘩で左目が網膜剥離により失明に近い傷害を負った事例》

（高松高裁昭和49年10月31日判決・判時770号57頁）
　小学校の放課後に発生した児童の喧嘩の事例において、「小学校四年生ともなれば一応学校生活にも適応し、相当程度の自律・判断能力を有しているとみられるから、教場での教育活動が終了した以上は、全員が退室下校するのを見届けなければ児童の安全を保持しえないと予測しうるような特別の事情がない限り、担任教師には最後まで教場に在室して児童を監督すべき注意義務は存しないと解するのが相当」として、担任教諭が、「常々、学級児童に対し、けんかなどをしないように説諭しており、しかも、当日の前記特別教育活動に際しては、本件事故の発生を全く予見しておらず、かつこれを予見しうるような事情も存在せず」として、過失を否定した。

《担任教師が、日直に戸締を命じ、他の児童に早く帰るよう指示して、その日に済ますべき教務調査の用務のため職員室に引き揚げて行った後に発生した喧嘩により、軽度の打撲症等を負った事例》

(4) 事例の検討
① 事例1について
　事例1の喧嘩は、学校外において発生したものであって、そもそも、学校内で起きた上記大分地裁平成2年11月13日判決の事例のように、教育活動あるいはこれと密接に関連する生活関係から生じたものとはいえない。
　また、学校外の喧嘩の発生を学校関係者が具体的に予見することは、学校内で事故が起こった同判決の事例に比してより困難であったといえる。
　その他に、学校外の喧嘩の発生を具体的に予見させるような特段の事情がないのであれば、監督義務は認められないと解され、学校が法的責任を負うことはないと考えられる。
　学校外つまり教員の監督外における子供の不法行為について法的責任を負うのは基本的に保護者である（事例70の解説参照）。
② 事例2について
　学校外で起きた生徒G、生徒Hの喧嘩は教育活動及びこれと密接な関係にある生活関係下といえない。学校外の喧嘩を予見させる特段の事情がない限り監督義務は発生せず（なお、仮に監督義務が発生していても、監督義務を履行していた場合には）、結果として生徒Gが怪我をしたとしても、学校、教員は法的責任を負わない。
　そして、本件の喧嘩につき学校ないし教員に法的責任がない以上、Gの治療費や眼鏡の損害（交換費用）についても賠償すべき義務はない。

3　保護者の要求に対してどこまで対応すべき義務があるか

(1) 事例1について（土下座や誓約書作成の要求に応ずる義務があるか）
　学校関係者に監督義務違反があるか否かに関わりなく、学校関係者に土下座や誓約書の作成を要求する行為は、義務のない行為の強制、すなわち、強要罪（刑法223条1項）に該当する可能性のある違法な行為である。
　したがって、これらの要求に応ずる義務はない。

(2) 事例2について（学校での話し合いの場を設ける義務）

　　教育上の配慮はともかく、保護者が請求する担任教員を含めた学校での話し合いの場を設けるということに応ずる法的義務はない。

具体的対処法

1　事例1について

(1)　学校関係者に監督義務違反が認められない場合、学校が法的責任を負うことはなく、教員が謝罪する必要性は認められない。もちろん、保護者との関係上、事情を説明したほうが適切な場合も多いと思われるが、保護者が謝罪を強要することが予想されるならば、自宅への訪問は避けるべきである。また、自宅を訪問する場合でも、単独ではなく複数で訪問する必要がある。

　　本件では、教員が自宅を訪問したところ、土下座をさせられているが、仮に自宅を訪問したとしても、義務のない謝罪や土下座を求めることは強要罪（刑法223条1項）に該当する可能性がある。不当な要求であることが明らかであるから、謝罪や土下座を要求された時点で謝罪はできない旨伝えたうえで速やかに退出することになる。誓約書の作成の要求の点についても、同様である。

(2)　また、仮に責任があるという場合でも、損害賠償額については、別途、検討が必要となるし、謝罪の方法も社会的に相当な方法で足り、それ以上に土下座をする法的義務はない。したがって、責任が認められ得る事案であっても、直ちに全ての要求に応じるということではなく、事故の調査や再発防止のため、被害者の保護者等、関係者の話を聞いて事実確認をし、教育委員会や専門家とも相談の上、対応を検討することになる。そして、検討の結果、学校に責任があることを前提として行動する場合であっても、損害賠償の額等が問題となるのであって、土下座をすることや校長又は教員個人の誓約書を作成することの法的義務はない。

(3)　ところで、学校に法的責任がない場合であり、教員が、法律上は対

応をする義務を負わないものの、教育的配慮からの対応をすることは考えられる。ただし、法的責任を認める言動と受け取られないように言動には注意すべきであろう。

多くの場合、生徒の保護者は、法的責任ではなく、教員による厳しい指導や再発防止のための説諭などを期待しているであろうが、この点についてはまさに教員の裁量の問題である。

また、保護者が教員の指導についての要望を述べること自体には違法性はなく特段法的な問題はないものの、その要望のための面談が深夜にも及ぶ場合や、頻繁な訪問や架電、ひいては面談の強要などに至った場合には、当該方法の違法性ないし不当性について、弁護士に依頼のうえ、法的対応（たとえば、弁護士名での内容証明郵便による書面の発送、仮処分の申立等）の検討が必要な場合もあろう。

2 事例2について

事例にもよるが、学校側に責任がない以上、相手方の要求に応じて、担任教員を立ち会わせて学校で話し合いを行う場を設けることまでは必要がないと思われる。

むしろ教員が生徒・保護者間の民事紛争に巻き込まれる危険性が生じる（民事調停の調停委員のような過重な役割を担ってしまう）。教育的配慮といってもこのような事態にまで関与する必要はむしろないと思うが、仮に関与するとすれば、このような危険性に充分に配慮し、第三者的な立場を貫くべきである。

まずは、校長や教頭等が保護者と面談又は電話により、学校側の見解を伝え、理解を求めるということが適切と考える。

また、本件の場合、担任教員は、校長や教頭等へ報告することなく、単独で生徒Gの保護者の対応をしている。しかし、喧嘩の内容や危険性の程度にもよるが、トラブル時の保護者への対応においては、教員個人としてではなく学校として対応するべきである。そのためには、このようなトラブル発生時における担任教員と校長などの管理職との連携体制を予め構築しておくことが望ましいといえる。

そして、必要に応じ、弁護士に相談のうえ、学校として毅然とした対応を行うべきである。

事例3　休憩時間中のできごとに対するクレーム・通知書の受領拒否

　小学校の児童Aがムダ毛処理用のかみそりを家から学校に持ってきて、友達に見本を見せるかのように自分の腕の毛を剃った。他の児童Bがそれを真似したがうまくいかなかったため、児童Aが「こうやるの」と言って児童Bの腕にかみそりを当てた。児童Bの腕に傷はつかなかったが、痛みを訴えていた。

　すると、児童Bの父親Cが、教員や児童Aに対して謝罪を求めて来校した。父親Cは児童Aや教員の胸倉を掴むなどの暴行に及び、児童Aを児童Bとは異なるクラスに替えろと要求した。学校側が要求に応じることはできないと回答したところ、父親Cは児童Bを学校に行かせられないと述べ、それ以降児童Bが登校しなくなった。

　その学期の終了時、教員が児童Bと父親Cの自宅を訪ね、児童Bの通知書や机の中の文房具などを届けたが、父親Cは「持ってこられても困る。持って帰れ。」などと述べたため、教員はやむを得ず「ここに置いておきますね。」と伝えて玄関前に通知書や机の中の文房具などを置いて学校に帰った。

　その後、児童Bの母親Dが通知書や文房具等を持って来校し、「持って帰れと言ったやろ。」などと怒鳴り、部屋にあったトロフィーを教員に投げつけた。トロフィーが破損し、教員も負傷した。

論点

1　児童間事故において、学校側に安全配慮義務等の法的義務が発生するのはどのような場合か。
2　教育的判断が必要な事項について学校側に法的義務が生じるのはどのような場合か。

法的義務の有無

1 児童間事故において、学校側に安全配慮義務等の法的義務が発生するのはどのような場合か

前記事例1【法的義務の有無】2(1)、(2)を参照。

公立の小中学校の教員は、児童、生徒に対し、学校教育法を根拠として、保護者等の法定監督義務者に替わって監督すべき義務を負うが、児童、生徒の特定の生活関係すなわち、**学校における教育活動及びこれと密接な関係にある生活関係**についてのみ監督義務を負い、実際にいかなる場合に、かかる義務が生じるかについては、教育活動の性質、発生した事象の時と場所、児童・生徒の年齢、知能、身体の発育状況等の諸般の事情を考慮して、当該事故が学校生活において通常生ずることが予見され、又は予見可能性がある場合、あるいはこれを予見すべき特段の事情が存在する場合に、監督義務が認められることになる。

(1) 児童Aが児童Bの腕をかみそりで剃った行為についての注意義務

児童がかみそりを用いて他の児童の腕を剃る行為は、通常、学校内で起きることが予想できない特異なものといえる。

したがって、児童Aが児童Bの腕をかみそりで剃る行為を具体的に予見させる特段の事情がない限り、学校側にこれを防止する注意義務は生じないと考えられる。

例えば、かみそりの持ち込みを学校が認識していた場合には、かかる特段の事情が認められる可能性は高くなる。

(2) 保護者Cの児童Aの胸倉を摑む行為についての注意義務

保護者Cの児童Aに対する暴行に対しては、学校に、児童Aの安全に配慮する義務があることはいうまでもない。すなわち、学校には、保護者Cの行為を制止する義務がある。

本件では、保護者Cは教員と児童Aの謝罪を求めて来校しているが、その際の言動等に鑑み、児童Aに対する暴行などが予見できる場合には、児童Aの安全を保持するため、たとえ保護者Cが要求したと

しても児童Aを保護者Cに会わせないという配慮も必要であったと思われる。

2 教育的判断が必要な事項について学校側に法的義務が生じるのはどのような場合か

(1) 学校が児童Aのクラスを替える法的義務

　クラス編成の権限は学校にあり、学校にはどの児童をどのクラスとするかを決める裁量があると考えられる。そして、一般に、クラス編成については教育的専門的判断が必要であるから、その裁量は相当広いものと考えられ、児童や保護者のクラス替えに関する要求に応ずる義務を発生させる余地は極めて少ないと考えられる。

　そして、本件では、児童Aが児童Bの腕にムダ毛処理用のかみそりを当てたというものであるが、それは児童Aが児童Bにムダ毛処理の方法を教えようとしたためにすぎず、児童Aが児童Bに危害を加えるなどのためではない。したがって、児童Aが児童Bにした行為の当否はともかくとして、児童Aと児童Bとを別々のクラスに配属させる必要性までは到底認められず、保護者Cの要求にも合理性は認められないことから、その要求に応ずる義務はないと考えられる。

(2) 保護者Cが児童Bを登校させないことに対する対処義務

　保護者Cが正当な理由なく児童であるBを登校させない行為は、児童虐待防止法のいわゆるネグレクト(養育の放棄・怠慢)として児童虐待に該当する可能性がある(児童虐待防止法2条3号)。

　そして、児童虐待を受けたと思われる児童を発見した者には、速やかに市町村、都道府県の設置する福祉事務所若しくは児童相談所等(以下「児童相談所等」という。)に通告する義務がある(同法6条1項)。

　したがって、学校は児童相談所等に対し、登校させないことを内容とする児童虐待が行われていることを通告するか否かを検討する必要がある。

　もっとも、学校側から通報したとなると今後の児童及び保護者との関係構築が困難となる可能性があるため、まずは、児童Bの保護者C

に対し、児童Bの登校を促すように働きかけを行うことが望ましい。それでも、保護者Cが児童Bを登校させない場合には、前記の児童相談所等への通報を検討することになろう。そして、その検討には慎重を要し、仮に通報するとしても、弁護士等の専門家に相談するなど、慎重な対応を心掛けるべきである。

(3) 教員が児童Bの通知表や文房具等を児童Bの自宅の玄関前に置いておく行為の問題点

「通知表や文房具等を置いておく」と保護者Cに告げた上で玄関先にそれらを置いて自宅を後にする行為は、この行為によって通知表や文房具等が盗難・毀棄される具体的危険性が発生するような場合でない限り、違法とまではいえないと思料される。このため、基本的には教育上の裁量内にある正当な業務行為といえるが、盗難・毀棄される危険性の判断は難しい。また、仮に盗難・毀損がされなかったとしても、相手方から「なくなっていた。受け取っていない。」等のクレームに発展する可能性もあるため、好ましい方法とはいえない。

そこで、保護者が受領を拒絶しているということで、口頭の提供（民法493条但書）を行うことが考えられる。すなわち、通知表や文房具等を一旦は学校に持ち帰った上で、児童Bの保護者Cに対し、それらを保管しているので受領されたい旨の通知を行うという方法も考えられる。そして、通知の方法については、原則として文書で行い、後日「受け取っていない。」と言われるリスクがあるような場合には、内容証明郵便による通知が好ましいが、内容証明郵便発送に抵抗があるというのであれば特定記録郵便を利用することも考えられる。

具体的対処法

1 本件では学校側に法的責任を発生させるような事情は見当たらず、児童Aが児童Bの腕にムダ毛処理用のかみそりを当てたことについて教員が謝罪する法的義務はない。

保護者Cの来校に対しては、まずは、児童Aを保護者Cに会わせないことが重要である。また、保護者Cとの対応については、職員室などの

できるだけ他の職員が状況を察知できる場所で実施すべきであり、また、可能な限り複数人で対応すべきである。
2　また、保護者Cからの児童Aのクラス替えの要求に応じる法的義務はない。本件の児童Aと児童Bとの行動について、特に児童Aと児童Bとを別々のクラスにすべき必要性もなく、したがって、保護者Cの要求には合理性がないため、そのような要求は明確に断るといった毅然とした対応が必要と考えられる。
3　通知票と文房具等の処理の対応については、盗難・毀損等の可能性のほか、そのことによって新たなクレームを招くおそれも懸念されることから、一旦は持ち帰った上で、学校で保管しているので受領されたい旨を書面で通知しておくことが望ましい（民法493条但書）。証拠化のためにも内容証明郵便による通知も検討すべきである。
4　本件では保護者Dがトロフィーを投げつけたという行為がある。この点、本件以前にも保護者C及びDにつき同じような暴力行為の実績がある場合には、学校としては、漫然と教員個々人に対応を任せることは適切でないため、複数人、特にそのうちの一人は男性教員を交えるなどの組織的な対応をとることが望ましい。
5　教員が怪我をしていることから、傷害罪（刑法204条）に当たる。因みに、トロフィーが教員に向けられて投げつけられた場合には、教員に当たらなくとも暴行罪（刑法208条）に該当する場合がある。
　このような事案においては、できるだけ早い段階から弁護士に相談し、依頼も視野に入れつつ、毅然とした対応をすべきである。

事例4　トラブル解決に対するクレーム

> 小学校の児童AB同士の喧嘩で、一方の児童Aが骨折するなどの怪我をした。Aは自ら転校した。その後、その保護者は「何故相手側Bは転校していないのか。今もBが堂々と通学している現状を容認している学校には問題があるのではないか。対応を改めるべきではないか。」とのクレームの電話を度々かけてくるなど学校側の対応が悪いと非難している。

第1章 学校内外での生徒・児童の事故

> 論 点

児童同士のトラブルにおいて、学校側がどこまで責任を負うか。

> 法的義務の有無

児童同士のトラブルにおいて、学校側がどこまで責任を負うか

　前記事例1【法的義務の有無】2(1)、(2)を参照。
　本件について、喧嘩発生についての具体的な予見可能性が認められないのであれば、特段の事情がない限り学校に法的責任は生じない。あとは教育的配慮の問題となると考えられる。また、仮に学校に何らかの法的責任が発生する場合で、それによって児童の骨折の治療費などの損害を賠償する必要が生じるとしても、喧嘩相手の児童を転校させる義務を生じさせるものではない。
　抽象的な要求のみで学校を非難し続けるのであれば、その要求態様によっては不当要求になると考えられる。

> 具体的対処法

　そもそも転校するかどうかは、児童及び保護者の意思によるものであって、いわゆる学区などの教育行政上の規制に反しない限り、自由である。また、喧嘩当事者の一方の児童が転校したことと他方の児童が転校しなければならないこととは全くの無関係である。したがって、保護者が、「何故相手方は転校していないのか。」として相手方に転校を求めることに法的根拠は認められず、学校としても対応する義務はない。
　このような全く理由のない要求については、それが繰り返されたり、あるいは、その態様が社会通念を逸脱したりする場合には、不当要求として毅然とした対応が求められる。

事例5　いじめ対策の執拗な要求

　生徒Aの父親Bから、「自分の子がいじめられている。」との連絡

があった。そこで、父親Bの申出に従い、学校や教育委員会によって調査が行われ、いずれの調査においてもいじめは存在しないとの結果となった。

そのため、父親Bに対し、「しばらく様子をみます。」という対応をしていたが、父親Bから、「先生の見ていないところでいじめられている。常時見張りをつけて欲しい。」との要求を受けるようになった。

そこで、父親Bの要求に応じて、生徒Aが教室を移動する際にも教員が見張りをするようになったが、それ以降も、父親Bからは「教員が少し目を離した隙にAがいじめられる。目を離さないようにして欲しい。」との要望がなされた。

父親Bは、毎日学校に来ては、「学校としては、いじめがあることにどう対応するのか。」という話を数時間にわたって強烈に申し立てていた。

教頭が対応しているが、他の業務の処理に支障が生じている。

論点

いじめに関し、学校が安全配慮義務違反を問われるのはどのような場合か。

法的義務の有無

1 はじめに　〜いじめに関する法規制について

いじめ問題が社会問題化して久しいが、昨今のいじめ問題が深刻の一途を辿っていることは周知のとおりである。このような状況の中、いじめの防止等（いじめの防止、いじめの早期発見及びいじめへの対処をいう。）のための対策に関し、基本理念を定め、国及び地方公共団体等の責務を明らかにするとともに、いじめの防止等のための対策を総合的かつ効果的に推進するため、平成25年6月28日、いじめ防止対策推進法が公布され、同年9月28日に施行された。

このいじめ防止対策推進法において、「いじめ」とは、「児童等に対して、当該児童等が在籍する学校に在籍している等当該児童等と一定の人的関係にある他の児童等が行う心理的又は物理的な影響を与える行為（インターネットを通じて行われるものを含む。）であって、当該行為の対象となった児童等が心身の苦痛を感じているもの」と定義されている（2条1項）。そして、学校の設置者は、いじめの防止等のために必要な措置を講ずる責務を有するとされ（7条）、また、学校及び学校の教職員は、当該学校に在籍する児童等の保護者、地域住民、児童相談所その他の関係者との連携を図りつつ、学校全体でいじめの防止及び早期発見に取り組むとともに、当該学校に在籍する児童等がいじめを受けていると思われるときは、適切かつ迅速にこれに対処する責務を有するとされている（8条）。

そして、学校の設置者及び学校が講ずべき基本的施策として、(1)道徳教育等の充実、(2)早期発見のための措置、(3)相談体制の整備、(4)インターネットを通じて行われるいじめに対する対策の推進が定められている[7]。

このようにいじめ防止対策推進法は、学校の設置者や学校に対し、いじめの防止等のために必要な措置を講ずる責務を規定している。もっとも、これらの規定は、学校の設置者及び学校に対する何らかの法的請求権を保護者に対して直接的・具体的に付与したものではない。しかしながら、学校の設置者や学校及び教員がこれらの規定に違反し、その結果、何らかの損害が発生した場合には、その規定違反が民法に規定する不法行為を構成するものとして損害賠償請求の根拠となり得ることがある点については、留意されたい。

2　いじめにおける教員や学校関係者の児童生徒に対する注意義務の内容

いじめについては、教員や学校関係者に被害者から救済を求められた場合やいじめが公然化して教員・学校関係者がこれを認識できる場合に

---

[7] 文部科学省「いじめ防止対策推進法の公布について（通知）」（http://www.mext.go.jp/a_menu/shotou/seitoshidou/1337219.htm）。

至ったことはもちろん、何らかの徴候があってこれを予見し得る場合は、教員・学校関係者に被害を回避すべき具体的義務が生じることとなり、その段階に至らず、事故発生が予見不可能ないわば突発的、偶発的な事故といえるものについては、教員・学校側の責任は否定されることになるが、その予見可能性についての判断は、平均的な教育専門家を基準にして、具体的に、過去に当該学校においていじめの発生や紛争が生じたことがあったか、従来からの当該学校ないし教員の間での、いじめ問題についての取組み、指導、内容等を総合的に判断し、これを踏まえて、いじめの態様、程度、当該児童生徒の能力、心身の発達状況、年齢、性別、性格等の個別事情によって具体的な結果回避義務が措定されることになるとされている[8]。

> …参考判例…
> **(東京高裁平成6年5月20日判決・判タ847号69頁。生徒が自殺した事例)**
> 「公立中学校の教員には学校における教育活動及びこれに密接に関連する生活関係における生徒の安全の確保に配慮すべき義務があり、特に、他の生徒の行為により生徒の生命、身体、精神、財産等に大きな悪影響ないし危害が及ぶおそれが現にあるようなときには、そのような悪影響ないし危害の発生を未然に防止するため、その事態に応じた適切な措置を講ずる義務があるといわなければならない。……本件いじめは昭和六〇年一〇月頃以降急激に悪質化しており、当時の状況は既に太郎の心身に対し大きな悪影響を生ずるおそれが存したというべきであるから、A中学校の教師らが適切な対処をしていれば、その当時においてそのような実態を認識し得たはずであるというべきであるが、結局、同教師らは適切な問題意識をもって対処することを怠ったため、最後まで本件いじめの実態を正しく把握し、教師全体が一体となって適切な指導を行い、保護者、関係機関との連携、協力の下に

---

[8] 横田昌紀「児童生徒のいじめ自殺訴訟の現状」判タ1358号8頁。

本件いじめの防止のため適切な措置を講ずるということができず、かえって、葬式ごっこにおいては一部の教師らは太郎にはいじめ側に加担していると受け取られるような行為に加わり、また、太郎からの助けを求める訴えに対しても、教師の側としては太郎の絶望感を軽減させるに足りるような対応を全くしなかったといってよい状況であって、その結果、太郎が昭和六〇年一〇月頃以降も悪質化した本件いじめに長期間にわたってさらされ続け、深刻な肉体的、精神的苦痛を被ることを防止することができなかったものであるから、A中学校の教員らには過失があるというべきである。」

（横浜地裁平成13年1月15日判決・判タ1084号252頁。生徒が自殺した事例）
「乙原中学は、学校内における生徒らの言動について、教職員が的確かつ十分に把握し、把握した事実関係、そして実施した教育的指導などを学年会などを通じて教頭、丙原校長など、学校におけるしかるべき機関に報告し、学校全体として亡一郎に対する言動の実態を把握し、丙田教諭による指導内容を検討して、前記したより強力な指導を学校全体として行うなどして、本件加害生徒らによる亡一郎に対する本件共同不法行為を阻止する義務を怠ったというべきであって、乙原中学には亡一郎に対する安全配慮義務違反が認められる。」

（福島地裁いわき支部平成2年12月26日判決・判タ746号116頁。生徒が自殺した事例）
「いじめが相次いで表面化した際に、少なくともT及びSから過去の同種行為について詳しく事情を聴取し、必要に応じ、他の生徒らから事情を聞くなどしていじめの全体像の把握に努めるとともに、一郎のいじめ再発及び仕返しを防ぐために、学校の教職員全体による協力体制を作り、学級全体の問題として他の生徒に協力を求めるなどし、その下で継続的に一郎らの行動観察、指導をするなどの実効ある方策をとるべきであった。」

(東京高裁平成14年1月31日判決・判タ1084号103頁。生徒が自殺した事例)

「したがって、担任教諭としては、トラブルが発生した都度、当該トラブルに関与した者を呼び、事情を聞き、注意するという従前の指導教育方法のみではその後のトラブルの発生を防止できないことを認識し、亡K及び本件いじめ行為に関与していた控訴人生徒らに対する継続的な行動観察、指導をし、被害生徒及び加害生徒の家庭との連絡を密にし、さらには、学校全体に対しても組織的対応を求めることを含めた指導監督措置をとるべきであったというべきである。具体的に考えられる方策としては、①日常の学校生活において2年3組生徒ら及び亡Kの生活状況を把握するために休み時間等における見回りを強化すること、②個々のトラブルの解決のみならず、亡Kと相手側生徒らとの間の交友関係修復にも配慮しつつ事情聴取等を十分に行うこと、③教職員の目を避けて発生するトラブルに対処するために、個別的なトラブルに関与していない生徒らからも事情を聞くなどしてトラブルの実態を的確に把握することなどによって、亡Kに対する控訴人生徒らによる本件いじめ行為が継続的に行われていることを的確に把握し、控訴人生徒らに対し、亡Kに対する本件いじめ行為は、いたずらやちょっかい、悪ふざけ等に名を借りた悪質で見過ごし難いいじめ行為であり、他の生徒らのいたずらやちょっかい等とも併せて、時として重大な結果が生じるおそれがあることを認識、理解させ、直ちにやめるように厳重に指導を継続し、個々の生徒らに対する指導や学年集会、クラスにおける学級活動等を通じて全校生徒に周知徹底すること、④亡Kに対しても、女子生徒らに対するちょっかい等が亡Kに対するいたずらやトラブルを招来し得ることを理解させるために継続的に面談等の機会を持ち、亡K及びトラブルを起こした生徒のその後の様子及び指導の効果が現れているかについて注意深く観察し、その後もトラブルや小競り合いが継続している場合には、<u>相手側生徒の保護者とも面談するなどして問題点を指摘し、学校側が厳重に指導する方針であることを伝える</u>とともに、家庭においても指導をするように申

し入れること、⑤被控訴人らにも亡Kの学校における様子や改善すべき点について率直に伝え、家庭における指導を依頼すること、⑥個々のトラブルについて、学年主任、教頭、S校長らに報告し、指示を仰いだり、複数の教諭と情報交換をしつつ共同で指導するなどの対応策を学年会等で検討すること、⑦担任教諭、他の教職員に対して、気軽に相談できる機会や窓口を設けること、⑧被控訴人らに家庭における亡Kの言動の観察を依頼するなど、より強力な指導監督を継続的、組織的に講じることが考えられた。

　しかし、N教諭は、前記のとおり続発するトラブル、いじめを個別的、偶発的でお互い様のような面があるとのみとらえ、その都度、双方に謝罪させたり握手させたりすることによって仲直りすることができ、十分な指導を尽くしたものと軽信したために、より強力な指導監督措置を講じることを怠り、本件自殺という重大な事故の発生を阻止できなかったものと認められる。なお、前記のより強力な指導監督措置のすべてが講じられなければ安全配慮義務を尽くしたといえないものではないことは明らかであるが、N教諭は、いじめ行為が継続的に行われていることを前提としては何らの継続的指導監督措置を講じないまま本件いじめ行為の継続を阻止できず、本件自殺に至ったのであるから、亡Kに対する安全配慮義務を怠ったと認めるべきことは明らかである。また、マーガリン事件は、極めて悪質、陰湿ないじめ行為であり、これにより亡Kが多大な精神的打撃を受けたもので、N教諭においてもこのことを当然に了知していたと認められる（約1週間前には亡Kの目の下に大きなくまができており、前日には非常に興奮した状態になり、マーガリン事件後には元気がなさそうであったというのであるから、担任教諭としては亡Kのこのような状態を把握していたか、把握すべきであった。）のにかかわらず、N教諭は、マーガリン事件を被控訴人らに報告しなかったが、従前は必要に応じて亡Kの帰宅前に家庭への連絡をしていたのであるから、このことも家庭への連絡措置を怠ったものとして、安全配慮義務違反を構成するものと認められる。」

(鹿児島地裁平成14年1月28日判決・判夕1139号227頁。生徒が自殺した事例)

「公立学校の教員は、学校における教育活動及びこれに密接に関連する生活関係において、生徒の安全に配慮し、他の生徒の行為により、生徒の生命、身体や財産等が害されないよう、当該状況に応じて適切な措置を講ずる義務があると解される。特に、当該生徒がいわゆるいじめ（自分より弱いものに対して一方的に、身体的・心理的な攻撃を継続的に加え、相手が深刻な苦痛を感じているもの）を受けている場合には、いじめの兆候を見逃さず、早期発見に努め、又はいじめの訴え等があった場合には適切に対応し、いじめの事実関係を把握し、いじめている生徒にも適切な指導を加えて、いじめを受けている生徒の生命や身体等の安全を確保することが求められるというべきである。」

「これを本件について見るに、……認定事実によると、確かに、太郎はa担任に対し、自殺前日の夜、原告花子を介して、被告寅川、同丁田及び同丙山から暴行を受けたことを伝えるまで、直接的又は間接的に、a担任を含む〇〇中の教員らに対し、被告同級生らから暴行等を受けていることを申告していないが、①b担任は、太郎が二年生の時、三年生から暴行を受けたり、たかりに遭っていたことを把握していたこと、②b担任は、太郎が二年生三学期ころから遅刻することが多くなり、その同行者として被告寅川の名前が挙がっていたことを認識していたこと、③a担任は、太郎が三年生一学期の四月下旬ころ、太郎宅を家庭訪問した際、原告花子から、被告寅川から太郎宛に頻繁に電話が掛かってくるが、太郎が遊びたがらず嫌がっているとの相談を受けていたこと、④a担任らは、被告寅川が三年生一学期の四月ころ、H₁に暴行を加えるのを目撃したり、他の生徒から事情を聴いて、把握していたこと、⑤a担任は、そのころ、被告乙川や同寅川らが一緒に行動する傾向にあったと認識していたこと、⑥被告同級生らは二年生三学期ころから三年生一学期の四月下旬ころにかけて、少なくとも下級生に対する十数件もの集団暴行事件を起こし、〇〇中の教員らは、下級生の訴えにより、遅くとも三年生一学期の六月下旬ころまで

にはその調査を終え、被告同級生らによる悪質かつ重大な問題行動を把握していたこと、⑦ a 担任は、太郎が三年生の一学期に頻繁に遅刻していたことを把握していたが、その原因として太郎の申告通り朝寝坊等によるものと軽信していたこと、⑧○○中では、毎週、生徒指導部会が開催され、生徒指導上の問題点について連絡や対策を検討する態勢が整っていたことなどが認められ、これらの事実を総合すると、遅くとも太郎が三年生一学期の六月ころには、太郎が被告同級生らから暴行等を受けていた兆候があり、a 担任を含む○○中の教員らは、太郎が被告同級生らから暴行等を受けていたことを予見可能だったというべきである。

しかるに、……認定事実によると、a 担任を含む○○中の教員らは、被告同級生らの太郎に対する暴行等の兆候を看過し、太郎の自殺までの間、速やかにその実態を調査し、事実関係の把握に努め、被告同級生らに対し、適切な指導を行っていないから、太郎の生命や身体等の安全を確保する義務を怠った過失があるというべきである。」

3　本事例の検討

　本事例においては、父親（保護者）の申出に従い、学校や教育委員会によって調査が行われており、その結果、いじめは存在しないとの結論が出ている。したがって、その調査方法等に特段の問題がない限り、事故発生の予見義務はもちろんのこと、結果回避義務も発生しないということができる。

　また、保護者からの常時見張りをつけるようにといった要求については、上記のとおりいじめは存在しないという結論が出ている状況下ではもちろんのこと、仮にそうではなくても、いじめ発生の具体的危険が目前に迫っているといった特殊な場合ではない限り、理由のある要求とはいえない。

　したがって、本件においては、保護者からいじめの存在を示す別途の資料等が提出されない限り、それ以上の調査を行う義務が生ずることは

なく、また、常時見張りをつけるなどといった要求に対応する義務もないといえる。

> **具体的対処法**

本件のように、調査によってもいじめが確認できないにもかかわらず、保護者からいじめがあるとの訴えがある場合、法的には、その調査に不備がない以上、当該時点においては、それ以上の対応の義務はないということとなる。

もっとも、保護者からの訴えに一切対応しないということも、その後の児童ないし保護者と教員ないし学校との関係に影響しかねず、一定の配慮をすることが望ましいといえる。例えば、調査の内容につき、その調査方法も含めて報告し、いじめを認定することはできないことを説明することが考えられる。併せて、引き続き教員が児童に一定の注意を払うなどを説明し、保護者に理解を求めることに努めることになろう。もっとも、保護者が要求するような一時も欠かさず見張るということまでは物理的に困難であり、他の児童への教育や業務に支障が出るといえるから、通常、そこまでの対応はすべきではない。

それにもかかわらず、同じ要求が繰り返されたり、あるいは、その要求の態様が社会通念を逸脱するなど不当要求の域に達したりした場合には、毅然とした対応をすべきであり、場合によっては弁護士に相談のうえ、前述と同じ対応をとるべきである。

事例6　保護者以外の者からの不当要求・教育委員会の調査義務

> 小学校の児童の親が、自らを右翼と称する団体に相談したことをきっかけに、同団体に属する者が、教育委員会に対して、「5、6年前の小学校でのいじめの原因は学校にある。教育委員会は責任をとれ。責任をとらなければ、街宣車を回すぞ。」と言ってきた。

> **論　点**

1　児童（本人）やその親権者以外の者（本件では右翼と称する団体に属す

る者）と交渉をする義務はあるか。
2　教育委員会は、5、6年前のいじめについて、事実関係の調査を実施する義務はあるか（何年前までのいじめについて調査義務を負うのか）。

法的義務の有無

1　はじめに　〜児童本人ないし親権者との交渉

　何らかの紛争が生じた場合の話し合いや協議は、本人と直接行うのが原則である。
　しかし、本人が未成年である場合、その親権者には子の利益のために子の監護及び教育をする権利を有し（民法820条）、子の財産を管理し、かつ、その財産に関する法律行為についてその子を代表する権利がある（民法824条）。
　そのため、親権者（通常は、児童の親）は、親権の行使として、児童に代わり、対外的な話し合いや協議をする権限を有しているから、教育委員会が、親権者との間で話し合いや協議をすること自体には、特段の法的問題は存しない。

2　児童（本人）やその親権者以外の者（本件では右翼と称する団体に属する者）と交渉をする義務はあるか

　次に、本件事例のように、親が児童のいじめに関する交渉を右翼と称する団体に任せたとして、いじめに関する問題は同団体を窓口とするとの通知があった場合、教育委員会や学校には、親権者以外の同団体に属する者との間で協議する義務があるか否かが問題となる。
　まず、親権者が特定の事項に関する交渉を第三者に委任することは、それが業としてなされる場合には弁護士法72条に違反する行為であり許されない。そして、本件の事例では、右翼と称する団体に属する者に委任するというものであるが、その団体の性質上、その委任が弁護士法72条に違反する可能性は否定できない。また、児童に関するいじめという問題を解決するためには、時間をかけて児童から話を聞くことはもちろ

んのこと、児童に接して生活状況等を把握し、児童の本心を理解した者によって協議が進められなければならないが、そのような団体には時宜に応じた対応は到底期待できず、やはり、その児童の親権者との間で協議を行うことが適切である。

　したがって、教育委員会や学校には児童の保護者以外の者と交渉しなければならない法的義務は認められない。また、いじめという問題に鑑みてもやはり保護者以外の者と交渉すべきではない。

3　教育委員会は、5、6年前のいじめについて、事実関係の調査を実施する義務はあるか（何年前までのいじめについて調査義務を負うのか）

(1)　そもそも生徒・保護者に対する直接の法的な調査報告義務があるのか。

　いじめをはじめとした学校における事故について、学校が生徒・保護者に対して調査報告義務を負うか否かについて、裁判例では、生徒が自殺した案件において、公立私立ともに、在学関係ないし在学契約の付随義務として、原因などについて一定の調査をした上で必要に応じて生徒ないし保護者に報告する義務があると判示しているものがある[9]（ただし、いずれの裁判例もいじめによって自殺した我が子の自殺原因について調査報告を学校等に求めた事例である。）。

　もっとも、学校は捜査機関ではなく教育機関であることから、教員ら及び教育委員会の調査及び報告には自ずから限界があるのであって、教員らが生徒のプライバシーや健全な成長、警察等の捜査に対する影響等に慎重に配慮した結果、必ずしも当該生徒又は親権者の望む調査又は報告がなされなかったとしても、教員らや教育委員会に直ちに調査報告義務違反が成立するものではないとしており（前掲福岡地裁判決（結論として調査報告義務違反はないとした。）、前掲さいたま地裁判決、前掲高知地裁判決（結論として調査報告義務違反はあるとした。）など）、

---

[9]　福岡地裁平成13年12月18日判決・判タ1136号126頁。その控訴審福岡高裁平成14年8月30日判決・裁判所ウェブサイト。さいたま地裁平成20年7月18日判決・裁判所ウェブサイト。高知地裁平成24年6月5日判決・判タ1384号246頁

当然ではあるが、調査報告義務にも一定の限界があるとされている。この考えを推し進めた場合、事実の解明は捜査機関が行うべきものであり、少年法8条において、家庭裁判所が事件の調査を行うとされていることも考慮すると、学校は、いじめ再発防止のため原因調査を行うべきもので、教育委員会等に対する報告義務を負うが、過去の事故の真実を知りたいとの要求を持つ保護者に対しては直接報告義務を負担しないと考える余地もあり得る（なお、一般的な学校による情報提供については、事例35「法的義務の有無」1(3)を参照されたい。）。

いずれにせよ、以上述べた生徒・保護者に対する調査報告義務に関する議論は、裁判例がいずれも自殺にまで至った事案であることにも鑑みれば、あくまでも自殺した場合に関するものであり、いじめ問題一般についてまで学校が生徒や保護者に対して当然に調査報告義務を負うかどうかは別途議論が必要と思われる。すなわち、自殺に関する前記裁判例も、調査報告義務を認めるものの、その根拠については単に在学関係ないし在学契約に付随するという以上には示されておらず、また、どこまで調査すべきかという調査範囲を判断するための要素についても特に指摘されておらず、その法的根拠は必ずしも明確になっているとは言い難い。おそらく生徒が死亡しているのに一切その原因について調査・報告しないということは遺族の感情からしても了解し難いとの配慮が背景にあったとも思われる。そうすると、事案毎の個別の事情を捨象して、いじめ問題一般について、学校が再発防止などを目的として独自に調査することは格別、学校が、生徒や保護者に対し、直接いじめの原因などを調査報告すべき法的義務を当然に負うとまではいえないものと思料する[10]。

この点、いじめ防止対策推進法では、個別のいじめの通報が学校になされた場合に、学校が講ずべき措置としては、(1)いじめの事実確認、(2)いじめを受けた児童生徒又はその保護者に対する支援、(3)いじ

---

[10] 堀切忠和「改訂教職員のための学校の危機管理とクレーム対応−いじめ防止対策推進法の施行を受けて」29頁以下（日本加除出版、2014年）。

めを行った児童生徒に対する指導又はその保護者に対する助言、(4)いじめが犯罪行為として取り扱われるべきものであると認めるときは所轄警察署との連携が定められており（23条）、これらの規定との関係が一応問題となる。しかし、これらの規定は、保護者に学校の設置者及び学校に対する何らかの法的請求権を直接的・具体的に付与したものではないことは前記事例5【法的義務の有無】1記載のとおりである。実際、いじめ問題は、誤解も含めて、多種多様なケースが考えられるところ、いじめであるとして通報されたすべての案件につき児童生徒や保護者に対して、学校に直接の法的な調査・報告義務が生ずると考えることは、その調査によっていじめを行ったと指弾されている他の児童生徒に対する精神面に与える影響・教育的配慮の問題も存在しており、妥当とは思えない。

(2) 調査義務の時的限界

次に、自殺事案などで生徒が保護者に対して、直接調査報告義務を負うとした場合を前提とするが、学校や教育委員会は、過去何年前までのいじめに関する事実調査報告をすべき義務を負うかについては、その点を明確に規定した法令はもちろん、裁判例も見当たらない。

確かに、いじめの性質上、それが隠密裏になされることも少なくなく、真相の究明という意味においては、たとえ相当期間が経過した後に判明した事案であったとしても、教育委員会としては一応の調査を尽くすのが望ましいといえる。もっとも、過去のいじめについてすべて調査することも現実的ではない。そこで、どこまで遡って調査すべきかについては、いじめがなされた時期のほか、いじめ自体の内容や程度、被害者（いじめられた者）の被害の程度、その被害回復のための調査の必要性の程度などが勘案されるべきであろう。一つのメルクマールとしては、被害者が加害者（いじめた者）や学校に対して損害賠償請求をなし得る期間（すなわち消滅時効の期間）が経過したかどうかが考えられる。そのような期間の後においては、仮に当該事実調査の結果、何らかの事実が判明したとしても、もはや法的請求をすることはできないからである。

この点、いじめを原因とする損害賠償請求は、大きく分けて、①不法行為構成、②安全配慮義務違反（債務不履行）構成の二つの請求類型が考えられるが、①の場合の時効期間は、いじめがあった時（加害者を知った時）から3年間、②の場合の時効期間は、いじめがあった時から10年間である。
　したがって、一つの考え方ではあるが、教育委員会ないし学校は、少なくとも3年前までの事案については生徒・保護者に対して調査報告をすべき義務を負うものと解される。また、10年前までの事案についても、いじめの内容や程度、被害者の要求の程度によっては、被害者からの法的請求が可能な期間である以上、調査報告義務がないとはいえないと解される。

具体的対処法

　教育委員会としては、右翼と称する団体ではなく、児童の保護者との間で直接に話し合いの機会を持つべきである。また、本件では、特にいじめによって自殺したといった事情はうかがわれないため、いじめの有無等についての法的調査義務を負うこともないと考えられる。
　ところで、本事例においては、教育委員会は、同団体から、同団体と交渉しなければ街宣車を回すぞとの通知をすでに受けている。このような状況下では、もはや教育委員会ないし学校の各現場で対応を検討することは困難であることから、早急に弁護士に依頼するなどして、街宣活動禁止等の仮処分の申立てを検討すべきである。また、同団体との交渉は行わない旨の通知書も発送しておくべきである。
　教育委員会には、平穏な業務を遂行する権利があり、庁舎に対する管理権もあることから、これらの権利を被保全権利として、同団体からの通告の内容からして、街宣車を回す行為に出る可能性があることを疎明すれば、裁判所の命令でこれを差し止めることができる。教育委員会としては、後日の仮処分にも備え、録音や録画を含めて、その間の交渉内容、交渉経過をできるだけ正確に記録しておくことが望ましい。

事例7　いじめ被害者の保護者からの不当要求

　小学校において、児童Aら数人が児童Bに対して暴行を加えるといういじめが起きた。また、児童Bの下駄箱の靴の中に画鋲が入り込むということも起きた。

　これについて、被害者Bの保護者は、学校に対し、学校側によるいじめの認知が遅れたことが原因である、また、靴内に画鋲を入れた行為を児童Aらが否定していることからこれは学校側の管理ミスであるなどと主張して、校長による児童Aらの出席停止措置を行うこと及び児童Aらの精神鑑定の実施を要求した。

　しかし、学校側は、児童Aらの出席停止措置や精神鑑定の要求をいずれも断った。

　これに対し、児童Bの保護者は、要求に応じないと知り合いの議員に介入してもらう等と述べ、長期にわたって執拗に要求を繰り返した。また、児童Bの保護者は、上記の学校側の対応の不手際（特に画鋲の件）を指摘し、その後の学校側の指導によって児童Aらによるいじめがなくなったにもかかわらず、なおいじめが継続しているとして学校側にいじめ防止の更なる対応を求めている。

論　点

1　学校は、被害者の求めに応じ、加害者の出席停止措置や精神鑑定を行う必要があるか。
2　学校は、対応に不手際があった際にどこまで責任を負うか。
3　学校は、いじめ防止のためにどこまで対応すべきか。

事例8　いじめ被害者の保護者からの加害生徒についての出席停止、転校の要求

　中学校において、生徒Aら3人が生徒Bに対して暴行を加えて怪我を負わせ、その様子を周囲にいた生徒がスマートフォンで撮影するという事件が起きた。

第1章　学校内外での生徒・児童の事故

　　被害者Bの保護者が加害者Aらに対して学校に出席しないよう要求した。なお、加害者Aらはこれに従って欠席している。
　　さらに、Bの保護者はAらに対して転校を要求している。

論　点

　いじめをした者（加害者）は、被害者から出席しないことや転校を求められた場合、かかる要求に応じなければならない法的義務はあるか。

法的義務の有無

1　学校は、被害者の求めに応じ、加害者の出席停止措置や精神鑑定を行う必要があるか

(1)　出席停止を命ずる義務の有無

ア　出席停止を命じる主体

　　出席停止については、学校教育法35条1項1号で「他の児童に傷害、心身の苦痛又は財産上の損失を与える行為」を繰り返し行う等の性行不良及び他の児童の教育に妨げがあると認める児童があるときは、市町村の教育委員会が、その保護者に対し、児童の出席停止を命じることができるとされている。したがって、出席停止を求めることができる主体は、教育委員会であって、校長をはじめとした学校ではない。

イ　出席停止を命じ得る場合

　　また、「出席停止制度の運用の在り方について（通知）」（平成13.11.6　13文科初第725号．各都道府県教育委員会教育長あて　文部科学省初等中等教育局長通知）によると、この1号の例として、「他の児童生徒に対する威嚇、金品の強奪、暴行等が挙げられる。なお、いじめについては、その態様は様々であるが、傷害には至らなくとも一定の限度を超えて心身の苦痛を与える行為に関しては、出席停止の対象とすることがあり得るところであり、いじめられている児童生徒を守るため、適切な対応をとる必要がある。」とされている。

43

更に、この要件の判断は、最終的には教育委員会が行うが、「校長は、学校の実態を把握し、その安全管理や教育活動について責任を負う立場にあることから、市町村教育委員会が出席停止制度を運用する際には、校長の意見を十分尊重することが望ましい。」ものとされている。

　したがって、学校長の裁量に基づく判断が重視されることになるが、児童の学習権に鑑みると、児童生徒の問題行動に対応するためには、日ごろからの生徒指導を充実することがまずもって必要であり、学校が最大限の努力を行っても解決せず、他の児童生徒の教育が妨げられている場合には、他の生徒の学習権との利益調整の結果として、出席停止の措置が講じられることになる。

　このように出席停止はいわば最後の手段という位置付けにあることからすれば、例えば、学校や児童生徒の実態に応じて十分に配慮しつつ、一定期間、校内において他の児童生徒と異なる場所で特別の指導計画を立てて指導することなどの方法を採用したとしても、多くの場合は校長の裁量の範囲内にとどまるといえ、加害者に対して出席停止を取らないことがその裁量を逸脱し違法があるとはいえない。

　本件においても、生徒Aによるいじめは解消されたということもあるから、生徒Bの保護者による生徒Aの出席停止措置の要求に学校ないし教育委員会が応ずる義務もなく、それを拒絶したことに何ら問題はない。

(2)　精神鑑定を行う義務

　学校側が精神鑑定を行うという法的義務はない。また、本件ではそもそも精神鑑定の必要性も認められないことから、学校にはその要求に応じる義務もない。

2　学校は、対応に不手際があった際にどこまで責任を負うか

　仮に、学校側の不手際という事実があった場合でも、それが法的に学校の安全配慮義務違反となり、損害賠償請求の対象になるためには、①安全配慮義務の存在、②損害の発生、③安全配慮義務違反と損害の発生

の間の因果関係が必要であり、その立証責任は基本的に請求する側が負う。なお、安全配慮義務については、その内容を特定し、かつ義務違反の事実を主張立証する責任は、被害者（請求する）側にあるとされている。

この点、いじめに関する学校の安全配慮義務の詳細については、事例5【法的義務の有無】1を参照されたい。

ところで、本件事例のいじめについては、学校側にいじめの認知が遅れたという事情があったようである。もっとも、単にいじめの認知が遅れたというだけでは過失とまで評価されず、その遅れた理由や認知後の対応などの諸事情が考慮されるといえよう。例えば、担任の教員がいじめの存在を認識しながらそれを学校側に報告せずに長期間放置した場合や、学校側がいじめの存在を認識しながら特段の対応を採らなかったなどの事情があれば、学校側の過失として評価され、安全配慮義務違反が認められる可能性はあるであろう。また、仮に学校側に安全配慮義務違反が認められた場合、本件では生徒Bは暴行を加えられていることから、それによって傷害を負っているような場合には、その治療費や慰謝料が損害として認められる可能性がある。

いずれにしろ、学校側としては、いじめを認知した段階で採り得る適切な措置を講ずるべきである。

また、下駄箱のBの靴内に画鋲を入れた行為について、生徒Aらは関与を否定しているとのことである。しかし、学校側の管理のミスによってBの靴内に画鋲が入るということはまず考えられず、やはり生徒Aらによるいじめの一環である可能性は高いというべきであろう。このような場合には、今後の教育的配慮の資料とするために、生徒Aらが否定しているというBの保護者の発言を鵜呑みにせずに、生徒Aらに対するヒアリングなどによりその原因を調査すべきである。仮に、靴内に画鋲が入った原因が明らかにならなかったとしても、それ故に学校側の管理責任が問われるというものではなく、あくまでも原因不明であるとして対応すべきものと思われる。仮に学校側に責任があるとしても、例えば、そのために生徒Bが怪我をしたといった事情のない限り、損害は生じていないとして、学校の損害賠償義務は否定されるということになる。

3　学校は、いじめ防止のためにどこまで対応すべきか

　学校の設置者又は学校は、いじめ防止対策推進法上、講ずべき基本的施策として、(1)道徳教育等の充実、(2)早期発見のための措置、(3)相談体制の整備、(4)インターネットを通じて行われるいじめに対する対策の推進が定められており（15～20条）[11]、当該学校におけるいじめの防止等に関する措置を実効的に行うため、当該学校の複数の教職員、心理、福祉等に関する専門的な知識を有する者その他の関係者により構成されるいじめの防止等の対策のための組織を置くものとされ（22条）、更に、個別のいじめの通報が学校になされた場合に、学校が講ずべき措置としては、(1)いじめの事実確認、(2)いじめを受けた児童生徒又はその保護者に対する支援、(3)いじめを行った児童生徒に対する指導又はその保護者に対する助言、(4)いじめが犯罪行為として取り扱われるべきものであると認めるときは所轄警察署との連携が定められている（23条）。もっとも、事例5【法的義務の有無】1記載のとおり、これらはあくまでもいじめ防止対策推進法に基づいて採るべき学校側の措置であり、生徒や保護者に対して学校に対する直接的な請求権を認める趣旨ではない。

　この点、生徒ないし保護者との関係については、過去の裁判例（ただし、自殺事案に限る。）によれば、公立私立ともに、在学関係ないし在学契約の付随義務として、原因などについて一定の調査をした上で必要に応じて生徒ないし保護者に報告する義務があるとしながらも、学校は捜査機関ではなく教育機関であることから、調査及び報告には限界があり、様々な影響等に慎重に配慮した結果、必ずしも当該生徒又は親権者の望む調査又は報告がなされなかったとしても、教員らや教育委員会に直ちに調査報告義務違反が成立するものではないと判示している。

　そして、本件事例においては、生徒Bの保護者は、上記の学校側の対応の不手際（特に画鋲の件）を指摘し、その後の学校側の指導によって

---

[11] 前掲注7．文部科学省「いじめ防止対策推進法の公布について（通知）」
（http://www.mext.go.jp/a_menu/shotou/seitoshidou/1337219.htm）。

生徒Aらによるいじめがなくなったにもかかわらず、なおもいじめが継続しているとして学校側にいじめ防止の更なる対応を求めているということである。しかし、学校が一般に採るべき上記のような措置を講じており、いじめもなくなったということであれば、法的義務かどうかはさておき、十分な調査を果たしているといえ、それ以上の更なる具体的な対応をする法的義務はないと解すべきである。また、たとえ、画鋲の点の不手際が学校にあったとしても、そのことといじめに対する対応をどこまで行うべきかということとは別個の問題であるから、結論を左右することはない。

4 いじめをした者（加害者）は、被害者から出席しないことや転校を求められた場合、かかる要求に応じなければならない法的義務はあるか

いじめをした者（加害者）が被害者から出席しないことや転校を求められたとしても、在学法律関係はあくまでも学校と加害者との間にあるのであって、被害者と加害者との間にはない以上、被害者には加害者に対してこのような要求をする権利はなく、したがって、加害者にはこれに応ずる義務もない。

また、被害者が学校に対し、加害者の出席停止措置を採るように要求することも考えられるが、出席停止措置は、あくまでも学校長の意見も踏まえ最終的に教育委員会が判断するものである。したがって、学校が被害者からの要求に応じなければならないということもない。

> 具体的対処法

1 事例7について

保護者からいじめがあるとの申出があり、学校が調査した結果、実際にいじめがあると判断される場合であっても、学校としてはいじめ防止のために必要な措置を採ればよく、被害者の全ての要望に応える必要はない。安易に出席停止等の措置を採ることは、加害者の教育を受ける権利の侵害にもなりかねないのであるから、教育的観点から学校長の裁量

が広く認められるものと思われる。

　このことは、仮に学校側に不手際があった場合でも基本的に同じである。学校側に不手際があったとしても、そのためにその後の対応を必要以上に手厚くしなければならないということにはならない。

　したがって、初期の段階で、学校側に不手際があったかどうかの事実確認を行い、そのうえで、不手際があったことについては、保護者に謝罪し、その際に今後どのような対処をするかという方針を固めておくことが必要であろう。「できる限りの対応をする。」、「納得のいく対応をする。」という不用意な発言は、かえって際限なくクレームを呼びこむことになるので、謝罪の場面こそ毅然とした態度をとる必要があると思われる[12]。

　保護者の要求の態様等によっては、弁護士に相談のうえ対応を協議すべきである。

2　事例8について

　いじめが発生した場合に、当事者間における損害賠償やその後の生徒の処遇に関する諸問題について、当事者が学校に対し、その仲裁を求めることは少なくない。しかし、そのような問題に学校が仲裁に入る義務はない。

　もっとも、学校への登校の可否などの生徒の処遇に関して、生徒にどのような指導をするかについては、当事者からの要求とは無関係に、学校として検討し対処しなければならない問題である。

　本件では、被害者が加害者に対して登校しないことや転校を求めている。このような場面で、どちらかが最終的に転校するということが一つの解決となる場合もあるが、一方がそれに応じない場合、学校がこれを命じるということはできない。

　逆にいえば、学校としては、被害者、加害者の両方とも今後のケアが必要になるが、学校として適切であると思われる措置をするに当たっては、原則として、相手方やその保護者の了承を得る必要はないともいえる。

---

[12]　前掲注10.堀切103頁以下。

第1章　学校内外での生徒・児童の事故

事例9　自主退学の勧告に対するクレーム

　高校において、生徒Aが生徒Bに暴行を加えたが、その際生徒Cが生徒Aの暴行を助長するような発言を行った。

　暴行の実態を把握した学校側が生徒A及びCに対して指導を行ったところ、生徒Aは指導に従って反省を示したが、生徒Cは指導に従うことなく反抗的な態度を示したため、学校側は諸般の事情を考慮のうえ生徒Cに対して自主退学を勧告した。

　これに対して、生徒Cの保護者は学校に出向いて、自主退学の勧告を撤回するよう求め、その際、「訴える」、「知り合いの議員に介入してもらう」、「名誉棄損に当たる」等とまくし立てて執拗に抗議した。

論点

　高校において、学校が自主退学を勧告することが違法となる場合があるか。

法的義務の有無

　学校教育法11条は「校長及び教員は、教育上必要があると認めるときは、……生徒……に懲戒を加えることができる。」とし、同法施行規則26条2項は、「懲戒のうち退学、停学及び訓告の処分は、校長……がこれを行う。」としている。

　これらの処分を行うに当たっては、「懲戒処分は教育の施設としての学校の内部規律を維持し、教育目的を達成するために認められる自律作用であって、懲戒権者である校長が生徒の行為に対して懲戒処分を発動するに当たり、その行為が懲戒に値するものであるかどうか、また懲戒処分のうちいずれの処分を選ぶべきかを決するについては、当該行為の態様、結果の軽重、本人の関与の程度、本人の性格及び平素の行状、本人の反省態度、改善の見込、家族の協力、右行為の他の生徒に与える影響、懲戒処分の本人及び他の生徒に及ぼす訓戒的効果、右行為を不問に付した場合の一般的影響等諸般の要素を考慮する必要があり、これらの点の判断は、学内

の事情に通暁し、直接教育の衝にあたる校長の合理的な裁量に任されていると解すべきである。」とされている[13]。

　上記の規定は懲戒処分としての退学処分であるが、本件では自主退学の勧告の問題である。高校の校長が行う自主退学勧告はあくまで生徒に退学を勧告するものであって、処分ではないことから、法的な強制力はない。しかし、退学は生徒の身分をはく奪するという不利益を伴う重大な措置である。この点、退学処分に関する裁判例では、「当該生徒に改善の見込がなく、これを学外に排除することが社会通念からいって教育上やむをえないと認められる場合に限って退学処分を選択すべきである。」ものとされる[14]。このように退学が生徒の身分をはく奪するという不利益を伴うことに鑑みれば、たとえそれが法的な強制力がない自主退学の勧告であったとしても、安易な勧告は許されないというべきである。そうすると、自主退学の勧告に学校長の合理的な裁量の範囲を逸脱したと認められる場合には、違法性を帯びる可能性も否定できないであろう。

> 具体的対処法

1　本件では、生徒Cは生徒Aの暴行を助長したというものであるが、少なくともそのことだけで直ちに退学処分が相当であるという判断はやや合理性に欠けるというべきである。

　そうすると、自主退学の勧告についても、まずは、生徒Cに対する指導に注力するとともに保護者にも生徒Cの生活態度の改善を求めるなどすることが望ましいといえる。それでもなお、生徒Cに反省の態度が全く見られないどころか、逆に反抗的な態度に終始し、他の生徒への影響も避けられないということになれば、自主退学の勧告も合理性があるということがいえよう。

2　そして、慎重な判断の下、やむを得ず自主退学を勧告する場合であっても、あくまで勧告は自主的な退学を求めるに過ぎず、生徒から拒否さ

---

[13]　「バイク三ない原則」違反退学事件・千葉地裁昭和62年10月30日判決・判時1266号81頁。

[14]　千葉地裁昭和62年10月30日判決。最高裁昭和49年7月19日判決・判タ313号153頁。

れても何ら強制力はない。したがって、それでもなお退学が相当であるならば、最終手段として強制力を有する懲戒処分として退学処分を行わざるを得ない場合もあろう。

その場合、退学処分を受けた生徒側から、その処分が違法であるとして取消しを求められた場合に備えて、退学という懲戒処分の合理性を根拠づける事実関係について証拠を収集しておくべきである。

3　本件では、生徒Cの保護者が学校に出向いて、自主退学の勧告を撤回するよう求め、その際、「訴える」、「知り合いの議員に介入してもらう」、「名誉棄損に当たる」等とまくし立てて執拗に抗議している。しかし、前記のような段取りを踏んで、やむを得ず自主退学の勧告を行っているということであれば、その抗議に応ずる必要はない。対応としては、勧告に至った経緯を説明することに尽きるが、それでも保護者の要求が繰り返されたり、その要求の態様が社会通念を逸脱するような不当要求の域に達した場合には、不当要求として弁護士等に相談の上、毅然とした対応を採るべきである。

事例10　いじめ加害者を注意したことに対するクレーム・授業見学の要求

　学校内で生徒Aが、生徒Bを日頃からいじめている、との事実が発覚した。教員Xがいじめに対応し、生徒Aを叱責し、二度といじめをしないよう指導した。

　すると、いじめたとされる生徒Aの保護者Cが、学校に電話をかけ、対応した教員Xに対し「何を根拠に、うちの子がいじめをしたと言っているのか。あなたの個人的な見解を答えろ。答えなければ、あなたを裁判の場に引っ張り出す。」と言ってきた。その対応に2時間も要した。

　その後も、保護者Cは、事あるごとに、1回当たり2～3時間にわたる電話をかけてきて、最近では「どういう教育をしているのか、学校に授業の様子を見に行く。」などと要求している。

論　点

1　保護者から、教員個人の見解を求められた時に、教員はこれに回答する義務があるか。
2　授業参観でもないのに、保護者から授業等の様子を見に行きたいという要望があった時、学校はこれに対応する義務があるか。

法的義務の有無

1　教員個人の見解の回答義務について

　いじめの有無については、過去の裁判例（ただし、自殺事案に限る。）によれば、公立私立ともに在学関係ないし在学契約の付随義務として原因などについて一定の調査をした上で必要に応じて生徒ないし保護者に報告する義務を認めるものがある（なお、すべてのいじめの問題について、生徒・保護者に対して直接調査・報告義務を負うか否かについては、前記事例6【法的義務の有無】3を参照されたい。）。

　ただし、このような調査義務は、あくまでも学校が負担する義務であって、教員個人が負担するものではない。したがって、教員個人が一定の事項について個人的な見解を回答する義務はない。

　なお、教員個人の見解の回答を求め続けることは、その態様によっては強要罪（刑法223条1項）に該当し得ることとなる。

2　授業等の様子を見に行きたいという要望への対応義務について

　保護者等に授業を見学させるか否かは、学校教育の方法に関するものであり、学校の裁量によって決定し得る事項であると考える。

　したがって、学校側にはこの要望を受け容れる法的な義務はない。

具体的対処法

　学校で発生した問題について、教員の個人的な見解を求められた時には、教員個人が回答すべき法的義務はないことに加えて、仮に学校としての見解との間で食い違いがあった場合には更なる混乱を招くおそれがあるため、回答を拒絶するべきである。

また、学校としては、学校内でいじめがあったのではないかとの指摘があった場合には、個別の事情を捨象して、いじめ問題一般について、法的な調査義務を当然に負担するものではないと考えられるものの、少なくとも、教育的観点からはかかる指摘を受けた場合には一定の調査を行うのが相当であろう。そして、その結果、いじめの事実が発覚すれば、速やかに適切な対応を行う必要がある（事例6【法的義務の有無】参照）。
　また、授業等の見学については、他の生徒に与える影響が小さくないと考えられるので、基本的には拒否するべきであろう。

② 学校の授業や施設利用により発生した事故に関する学校の責任

事例11　体育授業中の眼鏡破損の弁償要求

　学校（公立）の体育のドッジボールの授業で、生徒Aの投げたボールが生徒Bの眼鏡に当たり、眼鏡が壊れてしまった。
　Bの保護者Cが、学校に眼鏡代の弁償を求め、教員全員でお金を出すように求めている。

論　点

1　校内事故について公立学校の設置者が法的責任を負うのはどのような場合か。
2　公立学校の設置者が法的責任を負う場合、教員個人も法的責任を負うか。

法的義務の有無

1　校内事故について公立学校の設置者が法的責任を負うのはどのような場合か

　国家賠償法1条1項は、国又は公共団体の公権力の行使に当たる公務員が、その職務を行うについて、故意又は過失によって違法に他人に損害を加えたときは、国又は公共団体が、これを賠償する責に任ずる旨を規定し、同項にいう「公権力の行使」には、公立学校における教員の教育活動も含まれる[15]。したがって、公立学校内の事故について、教員に故意又は過失があれば、公立学校を設置する公共団体がその損害を賠償する法的責任を負うこととなる。

　次に、校内事故について学校設置者が賠償義務を負うとされる「過

---

[15] 横浜市立中学校プール事故訴訟。最高裁平成19年1月25日判決・民集61号1巻1頁。

失」とは、注意義務違反のことをいう。そして、教員が負うべき注意義務の内容・程度は、教育活動の内容、場所、時、児童の年齢、知能等の事情によって異なるが、当該事故が学校生活において生ずることが予測され、または予測可能性がある場合に、教員の注意義務違反の責任が生ずると解するのが一般的である[16]。

この点、参考となる判例として最高裁平成20年4月18日判決・判時2006号74頁がある。この事案においては、公立小学校3年の児童が、朝自習の時間帯に離席して、ロッカーから落ちていたベストのほこりを払おうとしてこれを頭上で振り回したところ、別の児童の右眼に当たり当該児童が負傷した事故につき、教室内にいた担任教員に児童の安全確保等について過失がないとされている。

なお、私立学校の教員については、公立学校の場合と異なり、教員個人として不法行為（民法709条など）に基づく責任を負う場合がある点は注意が必要である。

2 学校設置者が法的責任を負う場合、教員個人も法的責任を負うか

ところで、学校設置者が法的責任を負う場合に、教員個人も同様に法的責任を負うか。

この点、一般に、国家賠償法1条の適用がある場合、公務員は悪意又は重過失がある場合にも、直接被害者に責任を負わないこととの権衡、学校教育における児童・生徒と教師の特殊関係から、教員個人は直接被害者に責任を負わないとされている。

実際にも、県立高校の生徒が自殺したことについて、その自殺は教員による行き過ぎた懲戒行為に原因があったとして生徒の両親が県と教員個人を訴えた事案について、裁判所は、教員の懲戒行為は違法であるとして県に慰謝料の支払いを命じたものの（ただし、自殺との因果関係は否定された。）、教員個人に対する請求については、「公権力の行使に当たる

---

[16] 長尾英彦「学校事故と国賠法の解釈」中京法学25巻第2・3号合併号6頁（1991年）。

国又は公共団体の公務員が、その職務を行うについて、故意又は過失によって違法に他人に損害を与えた場合には、国又は公共団体がその被害者に対して賠償の責に任ずるのであって、公務員個人はその責任を負わないと解するのが、相当である。」と判示し、請求を棄却している[17]。

具体的対処法

本件は、体育の授業中に実施されていたドッジボールの最中の事故である。ドッジボールは社会的にも容認され、学校でも広く行われているスポーツであり、その過程で通常想定されるケガを負う事故が生ずること自体はやむを得ないというべきであるから、例えば、かねてより生徒Aが敢えて生徒Bの顔面を狙ってボールを投じていたといった事情を教員が認識していた等の事情がない限り、教員には過失は認められないものと考えられる。

仮に、教員に過失があるとして賠償義務が生じる場合であっても、公立学校の教員個人が直接被害者に責任を負わないとするのが最高裁の立場であるから、当該教員個人は損害賠償義務を負うことはない。したがって、教員が個人的に眼鏡代を負担する必要はない。

本件が私立学校の場合、教員個人が責任を負う場合も否定できないが、教員個人が責任を負う場合の多くは学校も責任を負う以上（民法715条）、学校としての対応を検討すべきである。

なお、生徒Aの保護者Cは教員全員に対して賠償を求めているが、当該教員を除く教師には何ら法的責任を負うことはないから、その余の教員に賠償義務がないことはいうまでもない。

事例12　授業中の自転車練習中の転倒事故

> 体育の授業で自転車の練習をグラウンドで行っていた。しかし、その日は雨天だったため、体育館で練習を行った。その折、体育館内で生徒Aが練習中に転倒して擦り傷を負った。この事態に対する学校の対応に不満を持ったAの保護者Bが、教育委員会に対し、担

---

[17] 最高裁昭和52年10月25日・判タ355号260頁。

> 任の安全配慮義務違反であると抗議した。

論点

学校及び学校関係者（特に教員）が、学校内の子どもの怪我について、安全配慮義務違反により責任を負うのはどのような場合か。

法的義務の有無

校長及び……教諭は、学校教育法上、あるいは在学関係という生徒と学校との特殊な関係上生ずる一般的な安全配慮義務として、生徒である原告の生命、身体などの安全について万全を期すべき義務を負っていたというべきところ、それが学校教育活動の特質に由来する義務であることから、その義務の範囲も学校における教育活動及びこれと密接に関連する学校生活関係に限られるべきものであり、特に教育活動上は在外的危険というべき生徒間事故において校長及び担任教諭の具体的な安全配慮義務が生ずるのは、当該事故の発生した時間、場所、加害者と被害者の年齢、性格、能力、関係、学校側の指導体制、教師の置かれた教育活動状況などの諸般の事情を考慮して、何らかの事故が発生する危険性を具体的に予見することが可能であるような場合に限られる[18]。

本件で、雨天時に自転車の練習を体育館で実施することをもって、事故が発生する危険性を具体的に予見することが可能であるとまではいえない。その他の事情は不明であるが、通常は、その練習を実施するに当たって安全のための措置が講じられていると思われ、かかる状況の場合には、別途、事故発生の危険性を具体的に予見させるような事情がない限り、安全配慮義務は認められない。また、自転車は通常転倒する性質のものであり、転倒が起きたことのみをもって直ちに安全配慮義務違反は認められないであろう。

---

[18] 仙台地裁平成20年7月31日判決・判タ1302号253頁。

具体的対処法

　上記のとおり、本件では、学校側に安全配慮義務違反があったという事情は見当たらない。
　他方で、本件では擦り傷であるから軽度の怪我といえるが、それに比して保護者は抗議を教育委員会に対して行うなど不相当というべき行動を起こしている。その抗議の内容にもよるものの、その後、抗議がエスカレートしていく可能性は否定できないであろう。
　このような場合には、安全配慮義務違反などの法的責任の有無の判断を曖昧にしたままに対応すると、相手方に誤解を与えるなどして、更に問題が複雑化する可能性がある。
　したがって、学校側としては、具体的な事実関係について一定の調査を行った上で（場合によっては弁護士などの専門家の意見を踏まえるなどして）、責任がないという判断となれば、保護者に対し、責任がないことをまずもって説明することが肝要である。

事例13　暴力団をほのめかす親族からのクレーム
> 　公立小学校内のブランコで怪我をした児童Aの祖父母（暴力団員ではないが、暴力団員と関係を有しているとほのめかしている。）が、教員を個別に呼び出し、「殺すぞ。」、「どうなるか分かってるか？」、「若い衆呼ぶぞ。」などとクレームを付けた。

論　点

1　公立小学校内の設置物で児童が怪我をした場合の責任
2　暴力団員ではないが、暴力団員と関係を有しているという者が教師を呼び出し、「殺すぞ。」、「どうなるか分かってるか？」、「若い衆呼ぶぞ。」とクレームを付ける行為の違法性

法的義務の有無

第1章　学校内外での生徒・児童の事故

1　論点1について

　本件は公立小学校内の設置物の利用の際に発生した事故であるため、国家賠償法2条1項（道路、河川その他の公の営造物の設置又は管理に瑕疵があったために他人に損害を生じたときは、国又は公共団体は、これを賠償する責に任ずる。）の適用が問題となる。

(1)　まず、「公の営造物」とは、国や地方公共団体により直接に公の目的に供せられている有体物及び物的設備をいう。

　したがって、公立学校内に設置されたブランコも「公の営造物」に含まれる。

(2)　次に、「設置又は管理の瑕疵」とは、営造物が通常有すべき安全性を欠いていることをいう。

　当該事案において、児童がブランコで怪我をした原因が不明であるため、ブランコの瑕疵の有無は定かではないが、仮にブランコに瑕疵があれば、ブランコを設置した地方公共団体等にはその瑕疵のために他人に生じた損害を賠償する責任が生じる。

　なお、ブランコを設置した地方公共団体が上記の責任を負うとしても、教員個人は被害者に対して賠償責任を負わないことについては、本章事例1を参照されたい。

2　論点2について

　まず、「殺すぞ。」、「どうなるか分かってるか？」、「若い衆呼ぶぞ。」と告げる行為は、特に「殺すぞ。」という言葉は人を畏怖させるような害悪を加える旨の告知であることは明らかであるから、脅迫罪（刑法222条）の「脅迫」に該当する。

　ところで、児童の祖父母は暴力団員ではないものの、暴力団員と関係を有していることをほのめかしているが、このように行為者の属性によって「脅迫」の該当性が左右されるかどうかが一応問題となる。この点、一般に、「脅迫」に該当するかどうかは行為態様によって判断されるべきものであって、属性自体によって直ちに「脅迫」の該当性が左右

されるものではない。もっとも、暴力団員ということはもちろんのこと、暴力団員と関係を有するということも、それ自体が一般人に恐怖心を与え得るものである。したがって、その発言内容や発言態様と相まって脅迫罪の「脅迫」に該当する場合もあり得るといえる。

また、脅迫罪の「脅迫」にまで至らないとしても、教員に恐怖心を抱かせる目的で教員を個別に呼び出した上で不合理な言動をした場合には、民法上の不法行為に該当する場合も考えられる。

具体的対処法

ブランコに瑕疵がない場合においては、本来のブランコの用法ではない危険な使用方法がなされていた事実を知っていたなどの特段の事情がない限り、原則として学校側に法的責任はないであろう。

ブランコに瑕疵があった場合においても、責任を負うのは、ブランコを設置している地方公共団体等であって、教員ではない。

また、「殺すぞ。」「どうなるか分かってるか？」「若い衆呼ぶぞ。」と告げる行為は、人を畏怖させる害悪を加える旨の告知、すなわち、「脅迫」（刑法222条）に該当する。さらに、一般的に、祖父母は、児童の親権者や監護権者ではないと考えられ、多くの場合、祖父母には怪我をした児童を代理して損害賠償請求する権限がない。本事例の祖父母の言動を考慮すると、弁護士への委任を視野に入れつつ、警察との連携をした上で、祖父母との面会を拒絶するなど毅然とした対応をすべきである。

事例14　運動会での順位のクレーム

公立小学校の運動会のプログラムで短距離走が予定されていた。

運動会の前日が雨だったので、校庭にできた水たまりなどを整地するため、学校は、砂を撒くなどして調整した。運動会当日、短距離走が行われた。複数のレースが行われたことによってコースにでこぼこができていた。そのような状態で、児童Aが走者となるレースがスタートした。スタート後しばらくはその児童Aが先頭を走っていたが、90ｍくらいで地面に足を取られて転び、1位を取ること

> ができなかった。それを見ていたその児童Aの母親Bが、児童が1位ではないという事実を受け入れられず、競技直後に校長Xに対し、「Aは1位になるはずだったのに、子どもが転んで1位になれなかったのは、整地をきちんとしていなかった学校側の責任だ。運動会をやり直せ。」と迫った。
> 　校長Xは、運動会中であったが、母親Bに対して申し訳ないと謝り続けた。しかし、母親は2～3時間ほど抗議を続けた。その後も、母親からは何回も同じような抗議をされたため、校長は謝り続けた。
> 　なお、児童の方は、やり直しを求める言動もなく、気にしている様子もなかった。

論　点

学校は、保護者の不合理な要求にどこまで対応する必要があるか。

法的義務の有無

　運動場の整地ができていないため、児童が怪我をしたようなケースであれば、国家賠償法1条又は2条の適用により、損害賠償義務が生じる場合も理論的にはあり得る。

　しかし、本件では児童が怪我をしたような事情はなく、むしろ、母親の要求は「運動会をやり直せ」という、およそ不可能不合理な内容である。

　小学校に運動会をやり直す義務が生じる余地はなく、母親の要求は明らかな不当要求であって、学校がこれに応じる義務がないのはもちろん、長時間にわたる対応をすべき義務もない。

具体的対処法

　本件で、校長は「申し訳ないと謝り続けた」とあるが、現場での対応という事情を考慮しても、学校側の過失を認めるかのような対応をすることは望ましくない。

児童や母親との今後の関係等から、謝罪して穏便な解決を図ろうとしたと推測されるが、母親の要求に応じることができないことは明らかであるので、明確に要求を拒絶する対応も検討すべき事案であった。
　なお、本件では、運動会中に校長が謝罪し続けたという事案であるが、応諾し得ない要求に対し、トップの校長自身が対応するのではなく、現場の担当教員（体育教師や児童の担任等）や教頭によって対応を行うことが望ましい。また、中断等の運動会自体への影響を避けるため、対応する場所についても、運動場ではなく、他の児童や保護者の目につかない教室等での対応を行うことが教育上の配慮からも望ましい。

事例15　病院までの交通費及び休業補償の要求

　公立Ｘ中学校では、校内で生徒が怪我をした時、緊急医療用として自治体から交付されているタクシーチケットを使用して、タクシーで生徒を病院へ連れて行くとともに、その生徒の親に連絡をしていた。また、自治体で校内事故に関する保険に入っていることが多いので、いったんは親に治療費を立て替え払いしてもらうものの、後で保険金でもって精算することとなっている。
　ある時、Ｘ中学校内で、自分で転んで怪我をした生徒Ａがいた。いつものように病院へ連れて行き、親Ｂにも連絡したところ、親Ｂも病院へ行った。しかし、その親は「病院へ行くまでの交通費を学校で負担せよ」とか、「休業補償をしてくれるのか」などと言ってきた。
　従前、学校は、「そのような費用を学校で負担する制度はない。」と対応することで保護者の理解を得ていた。今回も同様の対応をしたが、当該保護者は一切理解を示さず、更に「何でお金が出ない。怪我のない状態に戻せ。」と怒鳴ったり、「担任を代えろ」と怒鳴ったりした。
　その後も１か月程度、同じような要求が繰り返された。

論　点

校内で生徒が怪我をした場合、学校が保護者の通院交通費や休業補償をする義務があるか。なお、本件は生徒が怪我をしたことについての学校の責任は認められない事例である。

法的義務の有無

本件は、生徒が「自分で転んで怪我をした」事例である。そのため、学校の施設に瑕疵があったような場合を除けば、生徒の怪我について、学校に責任が生じる事案ではない。そのため、保護者が病院に行く必要が生じたのは、自分の子どもが転んで怪我をしたためであり、学校側の責任によるものではない。したがって、学校が病院までの交通費や保護者の休業補償をすべき法的義務はない。

具体的対処法

本件は、交通費や休業補償をする「制度がない」から支払わないのではなく、正確には、そもそも、学校がそのような費用を負担すべき法的義務がない事案なのであるから、端的に、その旨を説明すべきである。

この点、「制度がない」という説明をすることによって、説明を受けた方は、本来は支払われるべきところが、制度がないために支払いがされていないだけであると誤解される余地もあるため、なるべくそのような説明は避けるべきである。

また、「怪我のない状態に戻せ」との要求は、明らかに不可能な要求であり、さらに、学校に何ら責任がないのに「担任を代えろ」という要求も明らかに不合理である。このような不可能な要求や不合理な要求に対しては、拒絶する意思を明確に伝えることが重要であり、不当要求が続く場合には、弁護士への委任を視野に入れ、毅然とした対応を行う必要がある。

事例16　教員の不用意な発言に対する謝罪要求

中学校の冬休みの補習の対象として、生徒Aが対象となっていた。担任ではない教員Xが、当該生徒Aに対し、「出来が悪いから補習になったんじゃない。」と冗談っぽく言った。

これに対し、その生徒Aの母親Bが、その教員Xの発言に激高し、学校に電話をかけてきた。

　学校側としては、教員Xの発言が事実であったことから謝罪をする必要があると考え、謝罪によって事態の収束を図ろうとした。そこで、上記発言をした教員X、担任Y及び教頭Zの3人で、当該生徒Aの自宅へ行った。

　生徒Aの自宅では、母親Bから土下座を求められ、やむを得ず、アパートの前で3人とも土下座をした。教頭Zは、学校側にも落ち度があったことや、これで終わればよいと考えたことから土下座をした。しかし、さらに母親からは、「土下座の仕方が悪い」などと言われ、また、1時間くらい罵声を浴びせられるなどした。学校側は、それで事態は収束したと考えていた。

　ところが、後日、当該生徒の担任Yが、A生徒宅に届け物に行った際に、母親Bから大量の塩を撒かれるという出来事があった。さらに、母親の親戚を名乗る男Cから学校に電話があり、「どう落とし前をつけてくれるんだ。」と言ってきた。また、母親Bも同様のことを繰り返し、結局、それから半年間近くそのような状態が続いた。

　それからしばらくして、その生徒Aの家族が、突然、遠方へ引っ越すことになった。その際、母親Bらから学校に対し、「引っ越したことを周囲に言うな。バレたら、どうなるかわかっているやろな。」という要求があった。

　そして、後日、母親Bや親戚を名乗る男Cから、学校に対し、「引っ越し先がバレた。どうしてくれるんや。」との電話がかかってきた。

　しかし、引っ越し先が他に漏れた原因は、その生徒本人Aが友人に対して、引っ越し先が分かる写真を送ったためであったことが分かった。

　そこで、学校はその写真を受領した生徒から写真の提供を受けるなどして証拠を保全し、その後、当該生徒の母親Bらにそれを提示したところ、以降、学校に対する要求等はなくなった。

第1章　学校内外での生徒・児童の事故

論　点

　教員の生徒に対する発言に起因する謝罪要求、土下座の要求等に応じる義務があるか。

法的義務の有無

　本件の発端となった「出来が悪いから補習になったんじゃない。」との教員の発言は、たとえ親近感を増すために冗談ぽく言ったものだとしても、生徒に対する発言としては好ましいものではない。
　しかし、この教員の発言の責任を問う方法として、土下座を強要することは明らかに不当な要求であり、刑法上の強要罪にも該当する可能性のある行為である。
　発端となった教員の言動に不適切な点があったとしても、土下座を強要するほか、教員に対して塩を撒いたり、半年間もの間、（どのような関係かも分からない）親戚と名乗る男に電話をかけさせたりという行為は、その方法が社会通念に照らして明らかに不相当である。したがって、学校が、このような不相当な要求行為に対し、土下座をはじめとして対応する義務はない。

具体的対処法

　発端となった教員の言動が不適切であったとの事情があったとしても、自宅で事情を説明し、謝罪すれば十分であり、謝罪の方法として土下座をする必要など一切ない。
　教頭らは「これで終わればよい」と考えたようであるが、安易に母親の要求に応じたことで、事態がエスカレートしたという可能性も否定できない。
　本件において土下座に応じるべき必要は一切なく、このような不当な要求は断固と拒否するべきであったと思われる。
　保護者の要求が続く段階で、弁護士への依頼など法的対応を検討すべき事案であったと思われる。

65

③ 生徒間の喧嘩・いじめ―相手方児童生徒との面会等の要求

事例17　保護者からの喧嘩の相手方児童への面会要求

　子ども同士の喧嘩に関して、翌朝、トラブルとなった一方当事者の児童の父親から、「仕事に行く前に学校に寄るので、喧嘩の相手方の児童と面会させろ」との要求があった。

論　点

　学校は、喧嘩の一方当事者の児童の保護者と相手方児童とを直接面会させる法的義務を負うか。

法的義務の有無

1　仮にいずれか一方の児童が怪我をしている等の事情がある場合には、当該児童の保護者は、相手方の保護者に対して不法行為に基づく損害賠償請求をすることは可能である。
　しかし、その場合でも、当該児童の保護者が相手方に対して法的に求めることができるのは損害賠償にとどまり、相手方の児童と直接面会することを求めるといった法的な権利はない。

2　また、このことは、子ども同士の喧嘩について仮に学校が損害賠償責任を負う場合（第1章、1、事例1参照）であっても、結論に違いはない。
　学校が損害賠償責任を負うからといって、一方当事者の児童の保護者と相手方児童とを面会させなければならない法的義務を負うわけではない。

3　したがって、学校は、いかなる場合においても、喧嘩の一方当事者の児童の保護者と相手方児童とを直接面会させる法的義務はない。

具体的対処法

1　具体的な対処法としても、児童に対する安全配慮義務を全うするという観点から見て、喧嘩の一方当事者の児童の保護者と相手方児童とを直

接面会させることは避けるべきである。
2 公立学校の教師は、学校における教育活動及びこれに密接に関連する生活関係における生徒の安全の確保に配慮すべき義務を負う（第1章、1、事例1参照）。

　本件のような場合、喧嘩となった一方当事者の児童の保護者が感情的になり、とっさに相手方の児童に手を出すことは十分にあり得るところである。児童と面会させ、もし保護者がそのような行動に出た場合、それを阻止して相手方児童の安全を確保することは容易なことではない。また、その保護者が怒鳴ったり暴言を吐くなどのことも考えられるし、そのような言動はなくても児童が保護者と対峙すること自体が相手方児童の心理面に悪影響を及ぼす可能性は否定できない。

　したがって、喧嘩の一方当事者の児童の保護者と相手方児童を面会させるべきではない。

事例18　いじめ被害児童保護者からの加害児童クラス替え要求・その保護者との仲裁要求

　いじめの被害者Aの親Bが、「加害者児童Cを学校に来させるな。」、「仮に来るのであれば、その児童Cに、被害者Aを含めて一切他の子に対して何もさせるな。それを学校と加害者側が約束しろ。」、「加害者Cと被害者Aとを別々のクラスにせよ。」、「加害者Cと話をさせろ。」「損害賠償等の話をするので、加害者児童Cの親と交渉の場を設定し、担任Xが同席せよ。」と要求する。

[論　点]

1　いじめ問題について、学校は被害者側の要求（例えば加害者の出席停止、クラス替え等）に応じる法的義務はあるのか。
2　学校側として保護者同士の話し合いを仲裁する法的義務はあるのか。

[法的義務の有無]

1　いじめ問題について、学校は被害者側の要求（例えば加害者の出席停止、クラス替え等）に応じる法的義務はあるのか

　いじめ問題については、事例5での解説のとおり、学校側としては一定の対応を採る必要が生じる場合がある。

　もっとも、その具体的な対応については、学校側に裁量があり、いじめの申告がなされていることも考慮の上で、学校側が適切に検討した結果、加害者の出席停止の是非やクラス替えの是非等を判断したのであれば、当該判断が不合理でない限り、法的な問題が生じるということはない。そのため、被害者の保護者が要求しているからといって、それに応える法的義務はない。

　ところで、出席停止については、学校教育法35条1項1号で「他の児童に傷害、心身の苦痛又は財産上の損失を与える行為を繰り返し行う等の性行不良であって他の児童の教育に妨げがあると認める児童があるときは、その保護者に対し、児童の出席停止を市町村の教育委員会が命じることができる」とされており、これに関する通達では、「問題行動を起こす児童生徒がある場合、出席停止の適用の判断については、前述の1(1)に示した出席停止制度の趣旨や意義にかんがみ、多くの児童生徒の安全や教育を受ける権利を保障する観点を重視しつつ、個々の事例に即して具体的かつ客観的に行われなければならない。」とされている。

　なお、平成26年10月16日付文部科学省初等中等教育局児童生徒課による『平成25年度「児童生徒の問題行動等生徒指導上の諸問題に関する調査」について』[19]では、いじめる児童生徒への対応として、「グループ替えや席替え、学級替え等」が行われた事例が公立小学校で全体の5.4％、公立中学校で4.5％あるとされている（いずれもいじめ問題発生件数に対する割合）。

　クラス替えについては、これを学期途中に行うことは児童生徒への教

---

[19] http://www.mext.go.jp/b_menu/houdou/26/10/__icsFiles/afieldfile/2014/10/16/1351936_01_1.pdf

育面及び精神面の影響が大きく、慎重な判断を要するが、学年が変わるクラス替えのタイミングの際には、いじめの事実が確認できている場合には、その点を考慮して、加害者と被害者を分けるという対応は積極的に検討される必要があろう。

2 学校側として仲裁する法的義務はあるのか

学校側として、被害者と加害者の話し合いを仲裁する法的義務はない。

いじめによって被害者に生じた被害（損害）の塡補等については、被害者と加害者の問題であって、学校側として何ら判断できるものではない。

ただ、いじめが生じたことについての学校側の責任や再発防止策については別途検討が必要となるが、このことと被害者の加害者に対する損害賠償請求や示談等の話し合いの仲裁とは全く別問題である。

具体的対処法

1 本件における保護者の要求については、それらに応じる法的義務はなく、学校が教育的配慮として採るべきかどうかという観点から具体的な対応を検討すべきである。また、事例17と同様、学校は被害者の保護者と加害者本人とを直接面会させないようにするべきである。

2 また、いじめ問題について、被害者側からの加害者側に対する損害賠償等の請求に関し、学校が仲裁に入る法的義務はない（事例5【法的義務の有無】1参照）。

もっとも、いじめが発生した場合にその原因等について調査し再発防止に努めることが望ましいことはいうまでもない。そして、学校がそれらの調査や再発防止を検討するに当たって、加害者側や被害者側と連絡を取り合い、場合によっては両者の話し合いに学校が立ち会うことも想定されよう。しかしながら、本件のように過度な要求がすでになされている場合には、再発防止に向けた実効性のある話し合いは期待できないであろうから、やはり学校が両者を仲裁することは回避すべきものと思われる。

事例19　深夜に至るクレーム

　生徒Aの父親から学校に電話があった。電話の内容は、3日前に起きたAと生徒Bの喧嘩について、「学校の対応が遅い。」、「指導をオープンにせよ。」、「これから学校に行く。」というものであり、その電話は約90分にわたって続いた。

　その後、実際に午前10時にAの父親が来校したため、校長・教頭が対応した。その対応は約6時間にも及び、校長・教頭は昼食を取ることもできず、校長室で午後4時までクレームを受け続けた。具体的には「Bをここに呼んで来い、30秒でBを泣かせる。Bに怖い思いをさせないと本当に悪いとは思わないだろう。Bがトラウマになってもかまわない。」、「俺がBを懲らしめて、それでもBがダメなままならBの親子ともども、この学校にいられなくしてやる。」といったものであった。

　これに対して、学年主任の教員が、「AとBは、お互いに悪かったと謝罪している。」とAの父親に伝えると「Bが本当に悪いと思っているかどうかを俺が見ていないからお前の報告は信じられない。」、「お前みたいなのが学年主任なのか、お前みたいなやつに任せておけない、学校から出て行け。」、「出て行かないのなら俺がお前を出て行かせる。お前は今日何時に帰るのか、そのときにまた来るからな。」といい、ようやく午後4時に「俺もこれから用があるから帰る。」と言ってAとともに学校を出た。

　しかし、その後、再び午後7時にAの父親が来校した。すでに教頭や学年主任は帰宅していたので、校長が一人で対応した。

　Aの父親は、「Aに事情を聞いたが、Aと学年主任との話の内容が違う。学年主任の対応はなっていない。」と言った。それに対し、校長が「学年主任も一生懸命やっている。」と言うと、父親は「校長、お前も俺の敵か。」と恫喝し、深夜1時を過ぎるまで一方的に校長を批判し続けた。

論 点

深夜に至るなど長時間にわたり、保護者の対応をしなければならないか。

法的義務の有無

苦情の内容や、それまでの経緯にもよるが、一般に保護者からの理由ある苦情に対して、対応しないということは社会通念上許容され難いと思われ、一定の対応を行うことが求められているといえる。

しかしながら、少なくとも、苦情の内容を説明するに足る時間を超えてまで対応をする法的義務まではないと考えられる。ましてや、深夜に至る場合はもちろん、長時間にわたって対応しなければならない法的義務はないというべきである。

具体的対処法

深夜まで対応しなければならない法的義務はない。

ただ、全く対応しないということも、保護者やその生徒との信頼関係に悪影響が及ぶおそれがあるため、教育上の配慮として一定の対応は求められているといえよう。このような場合には、例えば、面談の約束をする際に予め面談する時間帯（通常1時間もあれば十分である。）を定めるなどして、面談に臨むべきである。

それでも、本件のように深夜にまで及ぶ場合や、保護者が恫喝するに至る場合なども考えられる。このような場合には、ある程度のところで一方的に面談を終了し引き上げるべきである。仮に面談の場所が学校などの場合で保護者がなかなか退去しない場合には、警察に相談することも必要であろう。

いずれにせよ、本件は不当要求事案であることは明らかであるから、校長において保護者の要求が不当要求であると判断した時点で、弁護士などの専門家と連携の上、毅然とした姿勢で臨むべきである。

④ 事故後の学校の対応

事例20　幼稚園内事故の保護者への連絡

> 公立幼稚園での事故に関する事案である。
> 園児が教室内で左眼まぶたを怪我した。これに対して、園児の母親が、「事故後すぐに連絡がなかった。」、「親の同意なく病院に連れて行って、医師の縫合処置を受けたのは問題である。」と主張し、園長に対して、改善計画の作成を要求した。

論点

1　事故後、すぐに保護者に連絡する義務はあるか。
2　緊急の場合、園児を病院に連れて行く前に保護者の同意を得る義務はあるか。

法的義務の有無

1　事故後、すぐに保護者に連絡する義務はあるか

教員の安全配慮義務には、事前措置的な義務だけではなく、事故発生後事故の被害をより悪化させないよう応急措置を採ったり、校医や養護教諭に連絡したりする事後的な措置も含まれる[20]。

この点、事故後、保護者に連絡する義務があるか否かについて、小学校での事故事案について、最高裁は、「学校の教師は、学校における教育活動によって生ずるおそれのある危険から児童・生徒を保護すべき義務を負っているところ、小学校の体育の授業中生徒が事故に遭った場合に、担当教師が、右義務の履行として、右事故に基づく身体障害の発生を防止するため、当該児童の保護者に右事故の状況等を通知して保護者

---

[20] 学校事故法律実務研究会編「問答式学校事故の法律実務第1巻」843頁（新日本法規）。

の側からの対応措置を要請すべきか否かは、事故の種類・態様、予想される障害の種類・程度、事故後における児童の行動・態度、児童の年齢・判断能力等の諸事情を総合して判断すべきである。」と判示し、小学校の児童が体育の授業中の事故により後日失明した場合に担当教師には事故の状況等を保護者に通知してその対応措置を要請すべき義務はないとされた事例がある[21]。

　本件では、事故後、教員が園児を病院に連れて行き、医師の診察を受けさせるという措置をとっており、これは安全配慮義務に基づく事後処理として評価でき、特に問題はない。

　確かに、幼稚園の園児の事故であり、園児自らが保護者に事故の顛末を説明することを期待することは困難であることから、幼稚園には保護者に対して事故の発生を通知すべき義務があるものと思料される。しかし、事故後「すぐに」通知する義務までは認められないというべきである。なぜなら、事故後の対応には緊急を要する場合があるところ、本件では特に眼部の怪我であり、直ちに医師の診察を受ける必要性が認められる以上、事故後すぐに保護者に連絡しなかったとしても安全配慮義務違反までは認められないというべきである。

2　緊急の場合、園児を病院に連れて行く前に保護者の同意を得る義務はあるか

　親は、親権行使の一内容として、子どもの治療について同意権を有している。

　しかしながら、民法698条は、「本人の身体……に対する急迫の危害を免れさせるために事務管理をしたときは、悪意又は重大な過失があるのでなければ、これによって生じた損害を賠償する責任を負わない。」と規定している。すなわち、緊急の場合に園児を病院へ連れて行く行為は許容されている。

　また、保護者が子どもを幼稚園に預ける際、子どもの怪我（その場で

---

[21]　最高裁昭和62年2月13日判決・民集41巻1号95頁。

の手当てで足りる軽傷は除く。）という緊急事態が発生すれば、医師への診察及び治療（ただし、手術など身体への侵襲の程度が比較的大きく、リスクの伴う治療を除く。）を受けさせることは予測されており、そのことについては、特段の事情のない限り、その子どもの保護者であれば黙示的に同意しているとも評価できる。

したがって、緊急の場合において、教員は園児を病院に連れて行く前に保護者の同意を得る義務を負わない。

具体的対処法

怪我の程度によって、受診させる緊急性、必要性は様々である。養護教諭が配置されている場合には、養護教諭の判断を仰いで、必要性があれば、医師の診察を受けさせるべきである。

また、事故が生じた際は複数の教員で役割分担をして、すみやかに保護者に連絡することが望ましい。

もっとも、事故後すみやかに保護者に連絡できなかった場合でも、「いち早く医師の診察を受けさせる必要性、緊急性が高いと判断した。」旨を説明すれば足りる。

なお、本件のような事故の場合には、緊急性が求められることなどから時として冷静な判断が困難な場合もあるため、そのような場合に備えて予め対応マニュアルを作成しておくことが望ましいであろう。

事例21　特別支援学校での怪我に保護者が過剰に反応

> 特別支援学校の生徒Mが暴れたので、それを制止しようとした生徒Nが怪我を負った。その怪我は目の近くに引っかき痕が残る程度だった。担任の教員OがNに対し、「病院に行くか。」と確認したところ、Nは「病院に行かなくても大丈夫。」と答えた。校長もNの怪我を確認したが、「これくらいなら病院に行かなくても大丈夫だ。」と言ったので、OはNを病院に連れて行かなかった。
>
> しかし、その後、Nの保護者が「目の付近に怪我をしたのに、病院に連れて行かず、失明したらどう責任を取るのか。」「校長が『こ

れくらいなら大丈夫だ』と発言したのは認識不足である。」などとクレームを述べた。

　後日、午後8時頃に、教頭、O及びMの保護者がNの保護者の家を訪れ、Mの保護者が謝罪した。Nの保護者はMの保護者の謝罪を受け入れたものの、「学校や教師の責任を追及する。」、「担任をやめさせろ。」などと一方的なクレームを繰り返し、それは午前0時頃まで及んだ。

論点

　特別支援学校の児童が怪我をした場合、教員及び校長は、安全配慮義務として、具体的にいかなる義務を負うか。

法的義務の有無

　教師の安全配慮義務には、事前措置的な義務だけではなく、事故発生後、事故の被害をより悪化させないよう応急措置をとったり、校医や養護教諭に連絡したりする事後的な措置も含まれる（事例20参照）。

　本件の生徒Nの怪我が目の近くに引っかき痕が残る程度にとどまるならば、直ちに病院へ連れて行く義務まではないと思われる。

　しかしながら、教員Oが、生徒Nが生徒Mを制止して怪我を負うまでの状況を確認していないのであれば、生徒Nは目の近くを引っかかれただけでなく、眼部や頭部に衝撃を受けた可能性があり、これに基づく身体障害が将来発生する可能性も否定できない。

　このような場合、状況によっては、教員Oや校長は、生徒N自身に通院の要否を確認したり、生徒Nの外表上の怪我を確認したりするだけでは足りず、校医や養護教諭に連絡し、その医学的見地からの意見に従い病院へ連れて行くかどうかを判断する義務が生じる可能性があると考えられる。

　また、かかる場合に、校医や養護教諭の意見に従って病院へ連れて行かないと判断した場合でも、将来何らかの身体障害が生じないとも限らず、また生徒N自身には自主的に保護者に対して事故や身体の異変について正

確な報告をすることを期待するのは困難であるため、保護者に連絡して教員Oが把握している事情を説明する必要があると考えられる。

前掲最高裁判例も、一般論として、「担当教師が……事故に基づく身体障害の発生を防止するため、当該児童の保護者に右事故の状況等を通知して保護者の側からの対応措置を要請すべきか否かは、事故の種類・態様、予想される障害・程度、事故後における児童の年齢・判断能力等の諸事情を総合して判断すべきである」と判示している[22]。

具体的対処法

仮に、教員Oが事故当時の状況等を確認せず判断したのであれば、教員Oや校長は校医や養護教諭に連絡して医学的見地からの意見を仰ぐ必要があるし、保護者にも事情を説明する必要がある。したがって、場合によっては、病院に連れて行かないという判断をした経緯に関する生徒Nの保護者のクレームには一応の理由があるものと考える。

しかしながら、Nの保護者が、約4時間もの長時間かつ深夜まで一方的にクレームを述べるのは不当である。また、学校は、保護者からの職員人事に関する要求に従う義務はない。

教頭及び教員Oが事故状況等、必要な説明をしたにもかかわらず、Nの保護者がクレームを一方的に述べるようであれば、今後も校内で生徒Nの様子を見守り、異変が表れた場合は適切な対応をするという趣旨を伝えて退席すればよいと思われる。

それでもなおNの保護者からのクレームが続くようであれば、弁護士に相談したうえ対応を協議する必要が生じる場合もあろう。

事例22　教育委員会への苦情電話

> 小学校6年生児童の母親から、教育委員会に対し、「小学校5年生当時、校外授業中に発生したとされる児童の傷害につき、①学校の対応に誠意が感じられないこと、及び②独立行政法人日本スポー

---

[22] 前掲注21（最高裁昭和62年2月13日判決）。

第 1 章　学校内外での生徒・児童の事故

> ツ振興センターによる共済給付が打ち切りとなったことに納得がいかない。」との苦情電話があった。

論点

校外授業中に児童が怪我をした場合、学校側は、いかなる対応を採る義務があるか。

法的義務の有無

教師は、安全配慮義務として、事故発生後、事故の被害をより悪化させないよう応急措置を採ったり、校医や養護教諭に連絡したりする事後的な措置を採る義務を負う。そして、事後措置的な義務の履行として、事故の発生や傷害の状況等を保護者に通知することにより、保護者に適切な対応を行う機会を提供することができる（事例20、21参照）。

具体的な対応は、児童が傷害を受けた経緯やその程度等を勘案して判断する。

具体的対処法

学校や独立行政法人日本スポーツ振興センターの対応の詳細にもよるが、上記の保護者への通知等の義務が生じていない場合や、かかる義務が生じているとしても、その義務に基づく必要な対応がなされているのであれば問題ない。また、独立行政法人日本スポーツ振興センターの対応については、共済給付の有無やその内容はあくまでも同センターが対応すべきものである。したがって、学校としては同センターへの問合せを促すべきであり、保護者に対して共済給付に関して誤解を与えるおそれも否定できないことから、安易な応答は避けるべきである。

それにもかかわらず、児童の保護者が苦情の電話を長時間、執拗にかけてくる場合は、必要な対応はさせて頂いた旨の説明を繰り返すこととなる。それでも電話が止まない場合には電話を一方的に切ることも許されよう。

ところで、本件のように「誠意が感じられない」や「誠意を示せ」など

という要求がなされることは少なくない。しかしながら、当方の対応に誠意があるかないかは専ら相手方の捉え方の問題にすぎず、そのような要求（言葉）に困惑しないことがまずは肝要である。要は、少なくとも安全配慮義務を履行しさえすればよいのであって、法的にはそれ以上の対応は不要である。それ以上の対応の要否はあくまでも当該生徒に対する教育上の配慮の問題である。また、「誠意を示せ」という要求が、暗に金銭の要求を含む場合も少なくないため、そのような場合には弁護士に相談のうえ毅然とした対応が求められる。

事例23　自殺した児童の保護者が、原因は担任にあると主張

> 児童が自殺した。
> 小学校及び小学校を設置する公共団体としては、児童の自殺に関し、小学校側に問題があったとは考えていない。
> しかし、児童の保護者は、児童の自殺に関して小学校に問題があるとして苦情を申し立てている。具体的には、児童の自殺について担任教員が原因ではないかと主張し、その教員を非難するほか、保護者と教員との面談が深夜に及ぶこともあった。

論 点

1　児童が自殺した場合、学校側は自殺についていかなる責任を負うか。
2　学校側は、保護者に対し、いかなる対応を採る義務を負うか。

法的義務の有無

1　児童が自殺した場合、学校側は自殺についていかなる責任を負うか

まず、教員は、安全配慮義務として児童の生命、身体などの安全について万全を期すべき義務を負っているが、その義務の範囲は学校における教育活動及びこれと密接に関連する学校生活関係に限られるべきものであり、当該事故の具体的状況を考慮して、何らかの事故が発生する危険性を具体的に予見することが可能であるような場合に限られ

る[23]。

　本件では、児童が自殺した原因は定かではないが、保護者が主張するように自殺の原因が教員にあり、なおかつ、当該教員がその児童が自殺するということを具体的に予見できたという事情があれば格別、そのような事情がなければ、基本的に小学校が自殺について責任を負うことはないであろう。

　ただし、自殺について予見可能性がなくとも、教員の懲戒行為が行き過ぎたものであれば、違法であると評価され賠償責任を負うことは考えられる[24]。

2　学校側は、保護者に対し、いかなる対応を採る義務を負うか

(1)　本件では、死亡した児童の保護者は、担任教員が原因ではないかと指摘している。

　この点、町立小学校6年生の児童が自殺し、その両親が、担任教諭の行き過ぎた違法な指導が自殺の原因であり、また、本件小学校関係者及び町教委の教育長以下委員らには真実解明への調査・報告義務違反があったとして、損害賠償を求めた事案では、「児童の自殺が学校生活上の問題に起因する疑いがある場合……学校設置者は、他の児童の健全な成長やプライバシーに配慮した上、児童の自殺が学校生活に起因するのかどうかを解明可能な程度に適時に事実関係の調査をしてその原因を究明する一般的な義務を負うと理解できる。」とし、さらに、「自殺した児童の保護者から、自殺の原因についての報告を求められた場合、学校設置者は、信義則上、在学契約に付随して、当該児童の保護者に対し、上記調査義務に基づいた結果を報告する義務を負うというべきである。」とした。そして、担任教諭の児童に対する指導はやや厳しいと認められるものの正当な指導の範囲を超えたものとはいえないとして自殺についての賠償義務は否定したが、本件の児童の自殺が学

---

[23]　前掲注18（仙台地裁平成20年7月31日判決）。
[24]　前掲注17（最高裁昭和52年10月25日判決）。

校生活上の問題に起因する疑いがあったにもかかわらず、学校は調査義務を果たさなかったとして慰謝料の支払いを命じている[25]。
(2) ところで、いじめの有無に関する生徒・保護者に対する直接の調査報告義務については、裁判例（ただし、自殺事案に限る。）によっては、公立私立ともに在学関係ないし在学契約の付随義務として原因などについて一定の調査をした上で必要に応じて生徒ないし保護者に報告する義務があるとするものがある（なお、生徒・保護者に対して学校側が当然に調査報告義務を負うかという点については、事例6【法的義務の有無】を参照されたい。）。

　自殺に至った事案については、学校生活上の問題に起因する疑いがある場合には、学校設置者は可能な程度にかつ適時に事実関係の調査をする義務を負い、保護者から説明を求められたのであれば右調査義務に基づいた結果を報告する義務を負うと解するのが無難であろう。

　本件は、児童が自殺したことに加えてその保護者が自殺の原因が学校にある旨指摘していることからすれば、小学校としては、保護者の指摘について担任にヒアリングを実施するなどの必要な調査を行い、その結果を保護者に報告をしておくことが望ましいであろう。

具体的対処法

　現実的には、保護者の指摘について担任にヒアリングを実施するなど必要な調査を行い、その結果を保護者に報告をしておいた方が望ましいであろう。

　そして、学校側が死亡原因等を調査し、保護者に報告しているにもかかわらず、保護者が深夜まで執拗に面談を要求するのであれば、不当要求事案といえる。

　かかる場合は、既に必要な説明をしており、面談に応じられない旨を毅然と説明するとともに法的な問題については弁護士への依頼を視野に入れることが必要となろう。

---

[25] 札幌地裁平成25年6月3日判決・判時2202号82頁。

事例24　軽度の怪我が帰宅後に判明

　小学校で児童Aが突き指をした。

　その児童Aは保健室に寄らずにそのまま帰宅した。しかし、帰宅後、指が痛いと言い出した。

　午後7時を過ぎたころ、その児童Aの親Cが学校に電話をかけてきた。教頭Yが対応したが、「なぜすぐに保健室に連れていかなかったのか。」などと訴えた。親Cがいうには、「児童Aが、保健室に行かなかったのは、他の児童が保健室を頻繁に訪れては『どこそこが痛い』と訴えても、保健教諭Xはその児童の言い分を嘘だとして相手にしないことが多かったためだ。児童Aは、保健教諭Xのそのような態度を何度か目の当たりしていたため、『保健室に行っても仕方がない。』と思って、結局、保健室に行かなかったのだ。保健教諭はどうして児童の訴えを信じてやらない、どうして嘘だと決めつける！　そういう不誠実な学校の対応が今回の事件を招いたのだ！」とさんざん苦情を申し立てた。

　その親の怒りは収まらず、さらに教育委員会にも電話をかけた。

　その後、教頭Yから事情を聴いた校長Zが親に電話をかけ、謝罪した。

論点

1　教員が校内における事故を未然に防止すべき義務
2　児童の帰宅後に校内事故が判明した場合、学校側はいかなる対応を採る義務があるか。

法的義務の有無

1　教員が校内における事故を未然に防止すべき義務

　まず、教員は、安全配慮義務として生徒の生命、身体などの安全について万全を期すべき義務を負っているが、教員が校内における事故を未

然に防止すべき義務を負うのは、何らかの事故が発生する危険性を具体的に予見することが可能であるような場合に限られる[26]。

　本件で児童が突き指をした原因は定かではないが、例えばドッジボールの最中にボールを受け損なった際に突き指するというのが典型的な場面であろう。ドッジボールなどは社会的に許容されている遊戯であるため、それを阻止する義務はない。もっとも、例えば、喧嘩などで相手を突いた際に突き指をしたといった場合で、教員がその喧嘩を目撃しながら制止しなかったという事情があれば、教員には喧嘩を制止する義務があり、その義務に違反したと評価される場合も考えられる。

2　児童の帰宅後に校内事故が判明した場合、学校側はいかなる対応を採る義務があるか

　本件での怪我は突き指であり、軽微な怪我である。

　この点、事例1で検討したとおり、教員の安全配慮義務には、事前措置的な義務だけではなく、事故発生後、事故の被害をより悪化させないよう応急措置を採ったり、校医や養護教諭に連絡したりする事後的な措置も含まれ、事案によっては、保護者への連絡を要する場合もある。もっとも、教員が突き指の事実を知らない場合であればもちろん、仮に、突き指をしたことを教員が知っていたとしても、児童自身が保護者に報告することが期待される場合、このような軽微な怪我について、逐一学校が児童の保護者に通知する法的義務まではないと思われる。もっとも、突き指といっても、今後の教育、例えば、体育の授業に参加できるかどうかが問題となり、その点の保護者の判断を求めることも予想されることから、教育上の配慮、トラブル防止の観点からは、突き指の事実を保護者に通知することが望ましいともいえる。

　また、突き指であっても、保護者からその説明を求められた場合には、前掲の事例23で適示した判例（札幌地裁平成25年6月3日判決・判時2202号82頁）の趣旨に鑑みれば、一応、対応（説明）する義務があるとも

---

[26]　前掲注18（仙台地裁平成20年7月31日判決）。

いえそうである。もっとも、同判例は生徒が自殺した事案について調査義務が存在すると結論づけられた判決であるところ、本件の突き指の事案とは、その求められる調査の内容や規模は大きく異なると思われる。

具体的対処法

児童の帰宅後に校内事故が判明した場合、学校側は、児童本人や周囲にいた児童に事故状況等を確認し、これを保護者に報告しておくことが望ましいといえる。

もっとも、本件では、午後7時を過ぎてから校長や教頭、教育委員会が対応を求められたようである。しかし、緊急性が存在する事案とは考えがたく、保護者が執拗に対応を強いるようであれば、不当要求事案として毅然とした対応が求められる。

第2章 教材費（給食費、修学旅行費、副教材費）

事例25　給食費・修学旅行費不払いに関する不当要求

1　給食費を支払わない保護者から、当該保護者の児童生徒に給食を提供するよう要求される。
2　修学旅行費を支払わない保護者から、当該保護者の児童生徒を修学旅行に連れて行くよう要求される。

論　点

1　保護者が給食費を支払わない場合でも、児童生徒に給食を提供する義務はあるか。
2　保護者が修学旅行費を支払わない場合でも、児童生徒を修学旅行へ連れて行く義務はあるか。
3　給食費・修学旅行費不払いへの対処法

法的義務・給食費の場合

1　学校給食に関する法令等の定め

　学校給食に関しては、学校給食法4条が、「義務教育諸学校の設置者は、当該義務教育諸学校において学校給食が実施されるように努めなければならない」と規定し、同法8条で文部科学大臣が学校給食実施基準を定めることとされている。これを受けた学校給食実施基準（平成21年文部科学省告示第61号）1条においては、「学校給食は、これを実施する学校においては、当該学校に在学するすべての児童又は生徒に対し実施されるものとする」と規定され、小学校学習指導要領（第6章　特別活動）は、「食育の観点を踏まえた学校給食と望ましい食習慣の形成」として、学校給食を教育課程における教育活動と位置づけている。
　また、学校給食の実施に必要な施設及び設備に要する経費並びに学校給食の運営に要する経費以外の学校給食に要する経費（学校給食費）に

関しては、学校給食法11条２項が、「学校給食を受ける児童又は生徒の学校教育法第16条に規定する保護者の負担とする」と規定しており、保護者が負担すべきものとされている。

2　未納者への給食供給義務の有無

(1)　学校給食は、義務教育諸学校の設置者が、学校給食法の規定に基づき実施しているものである。

学校給食費の未納問題への対応に関し、文部科学省は、「『平成22年度における子ども手当の支給に関する法律』等の施行と学校給食費の未納問題への対応について」（平成22年５月14日22ス学健第４号）別添「学校給食費の未納への対応についての留意事項」において、「①学校給食の意義・役割及び学校給食費の重要性についての保護者への周知、②生活保護による教育扶助及び就学援助制度の活用、③学校給食費の未納問題への取組体制」などの対策を通知しているが、未納者に対し給食の停止措置をなし得るか否かの記載はない。

「学校給食費の納付義務者は保護者ですから、未納であっても児童生徒に対する給食の停止はできません。未納であることで児童・生徒に何らかの心理的強制を加えるのは、教育的な面からも避けるべきでしょう。」[27]との指摘もある。

(2)　この点、保護者が給食費を未納している児童生徒に対する給食の停止を避けるべきことが、教育的側面から望ましいことに議論の余地はないと思われる。

ところで、ここでまず明らかにしておきたい問題は、給食費未納の場合、児童生徒に対する給食供給義務が法的に存在するかという問題である。この点を考えるためには、給食の供給義務がいかなる法的根拠に基づいて発生しているかについての検討が不可欠である。

給食の供給義務が保護者からの対価とは無関係に法律上供給されるべきである場合には、当然給食費未納者の児童生徒に対する供給義務

---

[27]　前掲注５・坂東＝羽成364頁。

は存在することになるため、いかなる場合においても供給は止められないことになるし、それが、一般私法上の契約関係に基づくものである場合には、原則として一般契約法理が適用されることになるから、場合により供給が停止されることがあり得るからである。

　法律上、学校給食費についての経費負担の定めは学校給食法11条のみである。そして、同条は、1項で「学校給食の実施に必要な施設及び設備」並びに「運営」に要する経費は設置者（地方公共団体等）の負担としているが、それ以外の経費については2項で「保護者の負担」としている。

　つまり、学校教育法11条2項は、親が子に対する包括的な教育・育成責任者であり子を養育監護する権利と義務は本来親にある（民法820条）ことを前提とし、食育生存にかかわる給食費（主に食材費）は保護者の負担としているのである。

　すなわち、給食の供給義務は、対価と無関係に法律上供給されるべきとの法体系とされておらず、給食の供給義務は一般私法上の契約関係に基づき、保護者の給食費の負担において供給されるということになる。

　そして、この私法上の契約関係の性質について、「食物を含めた給食サービスの提供」契約[28]という無名契約と考えるか、信託契約と考えるか[29]、準委任契約（民法656条）と考えるか、については種々の考え方があり得るが、私法上の契約法理一般の適用がある結果、給食費未納者の児童生徒に対しては、継続的契約においても同時履行の抗弁権等の行使により給食の供給義務、つまり、給食費未払いが発生した後に到来する供給義務の履行を拒むことができる。

　ところで、ここで導かれる「給食費未納者の生徒児童に対して給食供給を拒むことができる。」との結論は、だから、積極的に給食費未

---

[28] 東京弁護士会弁護士業務改革委員会自治体債権管理問題検討チーム編「自治体のための債権管理マニュアル」293頁（ぎょうせい、2008年）。
[29] 山口卓男編著「新しい学校法務の実践と理論」60頁（日本加除出版、2014年）。

納者の生徒児童に対して給食を出さなくてよいということを意味するものではない。供給義務がないことを明らかにする実践的意味は、先に述べたように、子を養育監護する権利と義務は本来親にあり、我が子に対する生存維持、包括的な教育・育成の第１次的かつ最終的責任者は親を含む保護者であるということを再認識すべきということである。給食費を支払わない場合に給食が供給されるのは、児童生徒の生存維持の第１次責任者である保護者に代わって学校側が教育的配慮に基づいて行う温情的措置であって、公教育の一環として学校側が当然に供給すべきだと要求できる筋合いのものではないということの理解を保護者・教育関係者は再認識すべきである。

　経済的に支払える余裕があるのに給食費を支払わない場合に、学校側が相応の努力をしても支払いがなされなかった場合において、教育的配慮を勘案しても給食の供給の打ち切りもやむを得ないと判断された場合に、つらい思いをするのは児童生徒であるという危機感を保護者は持つべきであるし、この場合に打ち切られることになった児童・生徒も親からの虐待での未払いでないような場合などには、「権利だけでなく義務も履行されなければならない」というルールが社会では行われているということの教育の場となるべきこともあろう。

　もとより、恨みを育てる教育は行うべきではないから、給食費未納の場合に供給義務が免れるからといって安易に供給を打ち切るべきではなく、相応の教育的配慮や、給食費回収のための努力等を勘案して行うべきである。

　法的にも、給食費未納の場合に供給義務が免れるとしても、供給の打ち切りが、上記のような配慮もなされずに漫然と行われた場合には、（教育）配慮義務違反として一般不法行為上の損害賠償責任が発生することもあろう。特に、給食費未払いの理由が経済的理由、あるいは保護者による虐待が疑われる時に、安易に供給を止めることは法的責任を発生させるであろう。

　なお、学校給食費についての事案ではないが、保育所の保育料を支払わなかった保護者が保育を拒否された事案において、最高裁は、

「保育料は保育所へ入所して保育を受けさせることに対する反対給付として徴収されるものである。」と判断し、支払能力がない場合には例外的に市町村がこれを代わって負担する（児童福祉法56条2項）ことで、経済力の乏しい者が保育を受けるという機会を失うという事態は回避され得るものであると判断している。

保護者が、経済的理由もなく、本来自らに負担義務がある学校給食費を滞納することは児童に対する経済的虐待・育児放棄と評価し得る行為である。このように、育児放棄を受けている児童を保護するのは、教育者として当然の配慮であり、教職員が学校給食の停止をすべきでないことは、前述のとおりであり、場合により児童相談所等との連携も必要となろう。

法的義務・修学旅行費の場合

1　修学旅行の教育課程上の位置付け

修学旅行は、教育課程上「学校行事等」に位置づけられる教育活動である[30]。

しかし、修学旅行に関しては、上記通達において、「原則としてすべての児童生徒が参加できるように計画すること。なお、参加できない児童生徒がある場合には、その指導についても遺憾のないように配慮すること」とされており、必ずしもすべての児童生徒を修学旅行に参加させることを学校に義務づけているわけではない。

2　修学旅行をめぐる契約関係

(1)　学校が修学旅行を実施する場合、一般には、旅行会社を通じてホテルや移動手段（電車、バス等）の申込みがなされ、旅行代金については、学校が、旅行に参加する児童生徒の分を取りまとめた上で、旅行

---

[30]「小学校、中学校、高等学校等の遠足・修学旅行について」（文部省初等中等教育局長通達昭和43年10月2日付け文初中第450号）。

会社に対し一括して支払いがなされていることが多い。

　このような一般的な申込み形態の旅行は、旅行会社が定める「旅行業約款」にいう「受注型企画旅行」（旅行会社が、旅行者からの依頼により、旅行の目的地及び日程、旅行者が提供を受けることができる運送又は宿泊のサービスの内容並びに旅行者が旅行会社に支払うべき旅行代金の額を定めた旅行に関する計画を作成し、これにより実施する旅行）のうち、「団体・グループ契約」に該当するものと考えられる。

(2)　以上の一般的なケースを前提にした場合、修学旅行をめぐる契約関係には、旅行者である「児童生徒」と「学校」、「旅行会社」が登場することになるが、修学旅行の申込みは学校が旅行会社に対して行うものであり、旅行会社は学校との間で契約を締結するのであって、児童生徒と旅行会社が直接の契約当事者になるわけではない。

　そのため、旅行会社との関係において、修学旅行代金の支払義務を負うのはあくまでも契約当事者である学校であり、児童生徒が直接に旅行会社との関係で修学旅行代金を支払う義務を負うことにはならない。

(3)　他方、実際に修学旅行に行くのは個々の児童生徒であり、旅行による利益を直接に享受するのは児童生徒であるから、修学旅行代金は、受益者である児童生徒（又はその保護者）が負担すべき費用である。そのため、学校は、旅行会社に対して支払った旅行代金を児童生徒（又はその保護者）に支払いを求めることになるが、その根拠を法的に説明すれば、準委任契約に基づく費用の前払請求、又は費用の償還請求であると解される（民法656条、649条、650条1項）。

　すなわち、児童生徒の保護者は、学校に対し、教育課程上「学校行事等」に位置づけられる修学旅行を実施することを学校に委任し、委任を受けた学校は、教育的効果が高いと判断される内容の旅行を企画し、それを具体的に実施するために、旅行会社に旅行の実施を申し込む。旅行の実施に際し必要となる費用（修学旅行代金）は、「委任事務を処理するのに必要と認められる費用」として、学校が委任者である児童生徒（又はその保護者）に対して請求することになる。

(4)　このように、一般的な修学旅行の申し込み形態を前提とした場合、

修学旅行をめぐる契約関係は、学校と旅行会社の間においては旅行業約款の内容に基づく契約が成立し、児童生徒と学校との間には、準委任契約（又はそれに類する契約）が成立するが、児童生徒と旅行会社は直接の契約関係には立たない（契約関係にはない）ものと解される。

3　修学旅行費の支払いがない児童生徒への法的対応

(1)　あらかじめ修学旅行費の積立てがされている場合において、積立額が明らかに不足し、又は事後的にも費用の支払いが見込まれない児童生徒について、学校は、旅行会社に修学旅行の申し込みをする際、当該児童生徒を修学旅行の参加者に加えて修学旅行の申し込みをすべき義務はあるか。

　　当該児童生徒が、費用以外の理由（例えば、身体的な障害があり集団での旅行が困難である等の理由）により、修学旅行に参加する意思がない場合は、そもそも、学校に対する委任がないと解されるため、学校には当該児童生徒についての修学旅行の申し込みをする義務はないといえる。他方、費用の積立てがなく、事後的にも費用が支払われる見込みがないにもかかわらず、当該児童生徒（又はその保護者）が明確に修学旅行への参加意思を有しているような場合、学校としては、当該児童生徒からの委任を受けるかどうか（契約締結の申し込みを承諾するかどうか）を判断する必要がある。

(2)　この点に関し、契約を締結するかどうかは、当事者が自由に判断できるとの原則（契約自由の原則）を強調すれば、学校が代金の支払いが見込まれない児童生徒と契約をしない（すなわち、当該児童生徒からの委任を受け付けず、旅行会社に対して当該児童生徒について修学旅行の申し込みをしない）との判断をしたとしても、学校にはすべての委任を受け付けて承諾する義務はない以上、その結果として、当該児童生徒を修学旅行に連れて行かないことについては、法的には特段の問題はないということになる。

　　しかし、修学旅行は、あくまでも教育課程上「学校行事等」に位置づけられる教育活動の一環であるから、費用を支払わない児童生徒を

漫然と修学旅行に連れて行かないとすることは、(教育)配慮義務違反として、一般不法行為上の損害賠償責任が発生することになろう。

(3) そこで、学校としては、①修学旅行代金の積立状況（まったく積立てがなされていないのか、一部の不足があるだけなのか）、②事後的に修学旅行代金が支払われる可能性の程度といった代金の支払いに関する事情に加え、③児童生徒や保護者の意向（どの程度、修学旅行への参加を希望しているのか）、④修学旅行の当該学校における教育課程上の位置づけ、⑤修学旅行に参加できないことによる教育課程上の不利益の程度、⑥予定している代替措置の内容、⑦当該児童生徒以外の不参加者の有無、人数、⑧他の児童生徒への影響といった諸事情を総合的に考慮し、委任の申し込みを承諾すべきか否かの判断をすべきである。

なお、児童生徒が修学旅行への参加を希望しており、経済的事情がないにもかかわらず、費用を負担しない保護者の行為は、児童生徒に対する経済的虐待・育児放棄と評価し得る場合があるであろう。このような場合は、事案により児童相談所等との連携も必要となる。

(4) 学校と児童生徒（保護者）との関係を準委任と捉えた場合、修学旅行代金が支払われる見込みのない児童生徒の旅行代金を立て替えて支払った上で、当該児童生徒を旅行に参加させなければならないような義務は生じないが、経済的虐待・育児放棄を受けている児童生徒を保護すべきは、教職員の責務でもあり、修学旅行が、あくまでも、教育課程上の「学校行事等」である以上、学校としては、単に、旅行代金の支払いがないとの事情のみに基づいて当該児童生徒を修学旅行に参加させないとの判断をすべきではなく、(3)に記載した諸事情を総合的に考慮し判断すべきであると解される。

なお、学校側としては、後の回収の便宜のためにも、保護者を契約当事者（準委任の申込者）とすべきであり、児童生徒の希望にもかかわらず保護者が申し込みを行わない場合には、育児放棄となっている場合も考え得る。旅行代金の支払いがない場合に当該児童生徒を修学旅行に参加させるかどうかは、日頃の保護者と児童・生徒との関係に配慮して慎重に判断すべきである。

具体的対策・給食費の場合

　文部科学省は、「『平成22年度における子ども手当の支給に関する法律』等の施行と学校給食費の未納問題への対応について」（平成22年5月14日付け22ス学健第4号）別添「学校給食費の未納への対応についての留意事項」において、以下の対策について説明をしている。
　①　学校給食の意義・役割及び学校給食費の重要性についての保護者への周知について
　②　生活保護による教育扶助及び就学援助制度の活用について
　③　学校給食費の未納問題への取組体制について
　そのうち、上記③の「学校給食費の未納問題への取組体制について」の中で、文部科学省は、次のように指摘している。
　「今回の調査では、学校給食費の未納問題が生じた場合の対応者として学級担任や校長、教頭の割合が高いことがうかがわれる。また、特定の者に負担とならないような配慮がなされていると回答した学校は約45％であり、約55％ではそのような配慮がなされていないとの結果が出ている。」
　「各学校における未納問題の状況にもよるが、例えば学級担任が未納問題に対応するために相当の時間と労力を割いているような場合、当該教諭の本来の教育活動にも支障が生じるおそれがあるため、各学校長は、現状を的確に把握し、特定の者に過度の負担がかからないよう、PTAとの連携を図りつつ、学校全体としての取組体制を整えるよう留意する必要がある。」
　上記のように、教職員が学校給食費の回収に相当の時間と労力を割くことは、教職員の本来的業務がおろそかになるため、督促を行っても任意の回収が図れない場合には（3か月程度の滞納が基準となろうか）、教職員の負担を回避するためにもすみやかに法的措置を採るべきである。
　経済的事由がないにもかかわらず、学校給食費を支払わない保護者の行為が常に経済的虐待・育児放棄に該当する行為とは限らないが、日頃の保護者と児童生徒の関係を考慮して育児虐待・育児放棄と認められる場合

は、教職員は、児童福祉法25条に基づく通告を検討すべきである。

　なお、給食費の未納問題への対策として、埼玉県の市立中学校が、給食費の未納が3か月続いた家庭に対し、給食を提供しない旨を通知したところ、納付が急増したとの報道があった。供給停止を通告することが、給食費の未納を解消する方法として効果があることを実証するものである。

具体的対策・修学旅行の場合

　上記文部省初等中等教育局長通達（昭和43年10月2日文初中第450号）によれば、学校は修学旅行の計画、実施に当たって特に次の事項に留意することと定められている。

(1)　原則としてすべての児童生徒が参加できるように計画すること。なお、参加できない児童生徒がある場合には、その指導についても遺憾のないよう配慮すること。

(8)　できるだけ簡素で実質的な計画をたて、実施に必要な経費をなるべく低廉にすること。

　　なお、経費の徴収については、一時に過重な負担にならないよう、計画的に積立貯金をさせるなどの方法を工夫するとともに、金銭の保管等について遺漏のないよう注意すること。

　以上の通達をふまえ、まずは、修学旅行の内容そのものをできるだけ経費のかからない内容の計画とし、経済的な理由により修学旅行費用を支払うことが困難な家庭が自治体の修学援助制度の利用により支払える程度の代金に抑えることが必要である。

　また、保護者からの支払いを確保するため、計画的に積立貯金をさせる方法や旅行業者で積立貯金をさせ、旅行業者が直接保護者から修学旅行費用を徴収するという方法（実例）もある。

　未納の保護者に対しては定期的に督促を行う必要があるが、一定の努力にもかかわらず支払いが得られない場合には、法的手続によるべきである。

　なお、経済的事由がないにもかかわらず、未納の修学旅行費を支払わない保護者の行為（あるいは児童生徒の希望にもかかわらず準委任契約の申込を行

わない行為）が経済的虐待・育児放棄に該当する行為と疑われるときは、教職員は、児童福祉法25条に基づく通告を検討すべきである。

事例26　費用未払いにもかかわらず修学旅行に連れて行かなかったとクレーム

　従前より修学旅行の積立金に未払いのある保護者がいた。修学旅行の積立金を支払わないと修学旅行に行けないとして何度も担任が督促するが、その保護者は積立金を支払わなかった。その結果、学校は、その保護者の子どもを修学旅行に連れていかなかった。

　修学旅行の当日、その保護者が修学旅行先に3時間にわたり立て続けに苦情の電話をかけてきた。

　校長としては、修学旅行を中止して帰ることも検討したが、他の児童生徒に迷惑をかけることになることから、修学旅行を続行した。

　修学旅行の最終日、児童生徒が解散した後、校長と担任は帰宅せず直ちにその保護者宅を訪問したが、同所において、午後8時から深夜12時ころまで罵声を浴びせられることとなった。校長に対しては、「退職せよ、修学旅行に行けなかった慰謝料を退職金から支払え」などの発言もあった。その後、その保護者から連日呼びつけられ、3時間ほど罵声を浴びせられた。

論点

1　修学旅行の代金の支払いがない場合、児童生徒を修学旅行に連れて行く義務はあるか。
2　修学旅行に連れて行かないことが、教育を受ける権利の侵害になるか。
3　保護者からの苦情に対する学校の対処方法。

法的義務の有無

1　修学旅行の代金の支払いがない場合、児童生徒を修学旅行に連れて行く義務はあるか

（解説は、事例25【法的義務・修学旅行費の場合】と同じ）。

2　修学旅行に連れて行かないことが、教育を受ける権利の侵害に当たるか

　修学旅行は、教育課程上「学校行事等」に位置づけられる教育活動ではあるが、義務教育の中核に位置する教育活動ではないこと、「小学校、中学校、高等学校等の遠足・修学旅行について」（文初中第450号）においても、「原則としてすべての児童が参加できるよう計画すること。なお、参加できない児童生徒がある場合には、その指導についても遺憾のないよう配慮すること」とされており、修学旅行に連れて行くことができない場合は、代替の措置によることが認められていること、などからすれば、適切な配慮がなされる限り、修学旅行に連れて行かないことが、直ちに教育を受ける権利の侵害に当たるとはいえない。

具体的対処法

1　本件では、学校が修学旅行費不払いの児童生徒を修学旅行に連れて行かなかった行為が、直ちに違法となるものではない。
　しかし、本件のように、修学旅行に連れていかなかった学校ないし校長の行為が直ちに違法といえない場合であっても、何らかの理由をつけて、校長や学校に苦情を言う保護者がいるのが実情のようである。
2　本件では、当該児童生徒の保護者は、修学旅行先に3時間も立て続けに電話をしたり、自宅において、校長らに対し「校長は退職せよ、退職金で慰謝料を払え」などの罵声を深夜12時頃まで浴びせているが、当該保護者の苦情申立ての態様は明らかに社会常識を逸脱するものであり、しかも、苦情内容そのものにも根拠はないといえるから、これが不当要求であることは明白である。そのため、校長及び担任の教師には、このような不当要求行為を受忍する義務はない。
　児童生徒が在学している間は、学校と児童生徒の関係は続くことになるため、不当要求を行う保護者に対して、企業の不当要求対策と同様の対応を採ることは難しい側面がある。しかし、本件のような不当要求であることが明白なケースにおいては、断固とした態度で臨むべきであ

り、このような要求が続くことで校長や教師の通常業務へ支障を来すに至った場合には、弁護士に対応を依頼した上で、法的措置を検討する必要もあると思われる。

　また、事例25で検討したように、このような保護者の行為自体が児童生徒に対する経済的虐待・育児放棄と認められるときは児童福祉法25条に基づく通告を検討すべきである。

事例27　修学旅行先での体調不良で迎えに行った費用を要求

　修学旅行先において生徒が熱を出したので、その保護者が宿泊先まで迎えに行った。

　保護者が宿泊先に到着したときには37度前後まで熱が下がっていたが、その日に保護者とともに帰宅させることとした。その後、保護者から、教育委員会に対し、「病院の受診もしていないため保険適用がなく、迎えに行った交通費や修学旅行参加費の返還もない。事前の説明会では保険や途中帰宅の場合の説明もなかった。」といった内容の苦情の電話があった。

　電話受信日に保護者と学校側が話し合う予定とのことであったので、教育委員会は学校長に対し、保護者から電話があった旨の連絡をした。

論　点

1　保護者が児童生徒を修学旅行先に迎えに行った場合、学校は交通費を負担する義務を負うか。
2　修学旅行をキャンセルした場合、修学旅行費を返還する義務はあるか。

法的義務の有無

1　保護者が迎えに行った場合の交通費の負担義務

　修学旅行中の生徒が体調不良により途中で帰宅した場合、生徒を迎えに来た保護者に交通費の負担が生じたとしても、その程度の負担は、保

護者が扶養義務の履行に伴う費用として自ら負担すべきものであり、そのような費用を学校に請求し得る法的根拠はない。

したがって、学校は、保護者に対し、児童生徒を迎えに行くために保護者が負担した交通費を支払う義務はない。

2 修学旅行をキャンセルした場合の修学旅行費の返還義務の有無

修学旅行の途中で児童生徒が旅行を途中で取りやめて帰宅することとなった場合、学校が旅行費の一部につき返還義務を負うかどうかは、学校が申し込んだ旅行会社との間の契約内容の問題である。

すなわち、旅行会社との契約において、旅行の参加者である児童生徒が旅行を取りやめた場合、一定額の返金がある旨の規定があり、現に旅行会社から返金がされた場合は、学校は当該児童生徒の保護者にそれを返金すれば足りる。他方、契約内容においてそもそも返金がないとされている場合や、旅行を取りやめた時期により返金がないような場合においては、学校が児童生徒の保護者に対し旅行費を返還する義務を負うことはないと考えられる。

具体的対処法

本件の事案では、まず、交通費を負担する義務はないから、交通費の支払請求があれば、拒絶すべきである。旅行費の返還については、契約内容に従って処理されるべきものである。

なお、保険についての発言について、ここでの保険がどのような内容の保険を指すのかは不明であるが、修学旅行などでは国内旅行傷害保険に加入している場合があり得る。そのような場合には、事前に保護者に対してどのような内容の保険に加入しているのかという点を伝えておくことが相当であろう。保険に加入している事実を伝えていなかった結果、保護者が保険金請求できないことも考えられるからである。もっとも、本件では旅行中の発熱のため途中で帰宅したというものであるから、仮に国内旅行傷害保険に加入していたとしても、保険が適用される事由はないと思われる。

本ケースでは、不当要求とまでは判断できないが、その後も引き続き執

拗な要求や不適切な請求が継続されるようであれば不当要求となる可能性もある。

事例28　修学旅行キャンセル料の支払いを拒否

　修学旅行に関し、生徒Aの保護者から、担任教諭に対し、「Aは難しい子なので、宿泊先では仲のよい生徒Bと同室にして欲しい。」との申し入れがあった。当初、AとBは別室であったが、Aの性格を熟知していた担任教諭はAの保護者の意向を受け入れ、Bと同室にするよう部屋割りの変更を行った。

　しかし、事前に生徒に配布する宿泊時の部屋割表では、変更内容が反映されておらず、AとBが別室のままのものが配布された。

　その後、旅行出発時までの間に、宿泊時の部屋割表を見たAの保護者は学校が対応してくれていないと思い込み、担任教諭に部屋割りの変更の有無を確認することなく、当日になって、理由を告げることもなく、Aが修学旅行に行くのをキャンセルした。

　後日、学校が、旅行業者との関係で既に発生したAのキャンセル料について、Aの保護者に対して支払いを求めようとしたところ、Aの保護者が「Aが旅行に行けなくなったのは、学校が部屋割りの変更をしてくれなかったからだ。学校に責任があるから、キャンセル料を支払う必要などない。」などと強硬に主張し、キャンセル料の支払いを拒否した。

　やむを得ず、学校はAのキャンセル料を請求することを断念した。

論点

　学校は生徒の保護者に対して修学旅行のキャンセル料の請求ができるか。

法的義務の有無

　修学旅行の費用は、直接教育活動費として、最終的には、旅行に参加する児童生徒の保護者が負担するべきものである。

　修学旅行をキャンセルした場合のキャンセル料も同様であり、保護者が

第2章　教材費（給食費、修学旅行費、副教材費）

負担すべきである。

　そのうえで、キャンセルの理由に学校側の責めに帰すべき事由があるかどうかを検討し、そのような事由があれば保護者がキャンセル費用相当額の賠償を学校に求めることができる、ということである。

　本件の場合、学校はＡの保護者の要望どおり、ＡとＢとを同室にしていたものであるところ、部屋割表の記載がそうなっていなかったということである。この点、Ａの保護者は、キャンセルをする前に、部屋割表の記載について学校に問い合せすれば足りたのであり、それをせずに一方的に当日キャンセルをしたのであるから、学校に帰責事由があるとはいえない。

　したがって、学校には保護者が支払うべきキャンセル料を負担する理由はない。それ故、仮に学校がキャンセル料を立て替えたのであれば、それを保護者に請求することは可能というべきである。

具体的対処法

　学校がキャンセル料を負担する理由はないから、保護者に請求すべきである。

　なお、学校には、生徒の保護者に対してキャンセル料に関して事前に通知すべき法的義務まではないが、事前に通知しておいた方が後の紛争防止になると考えられる。

事例29　副教材費は必要ないとして支払いを拒否

　　授業で必要となる副教材について、生徒の親から副教材は必要ないので、副教材費は払えない、と言われることがある。

論　点

　副教材費を支払わない生徒側に学校が副教材を支給する義務があるか。

法的義務の有無

　副教材費を個人負担とすることは、憲法26条2項に反するか。

　この点は、①憲法26条2項後段は教科書、学用品等教育に必要な一切の

99

費用までこれを無償とする旨を定めたものではなく、②教科書等の費用の負担は、国の財政等の事情を考慮して立法政策の問題として解決すべき事柄、である[31]。

一般的には、直接教育活動費のうち、個人の利益として児童（生徒）に直接還元される経費は自己負担で、そうでない経費及び間接教育活動費は公費負担とされている。例えば、ハーモニカや体操着等、児童・生徒の個人の所有物で個人用の教材として使用するものや、遠足や修学旅行等、直接利益が児童・生徒個人に還元されるものは私費で負担してもよいが、とび箱やピアノ等、児童・生徒が学級単位で共有するものは公費で負担すべきと考えられている[32]。

教科書等の費用の負担は立法政策の問題であり、副教材費等の個人用の教材として使用するものは、私費で負担してもよい性格のものである。したがって、立法政策で公費負担となっていない以上は、副教材費の負担者は保護者であり、その費用の支払いがない以上、学校が副教材を支給する法的義務はない。

具体的対処法

本ケースのような個人の副教材に関しては、原則は保護者負担なので、保護者が費用を支払わない場合、学校は生徒に対し当該副教材を提供する義務はない。

具体的対処法としては、保護者を説得することが第一であるが、家計に余裕がないために支払えない家庭については、就学援助制度（学校教育法に基づく制度であり、生活保護法6条2項の要保護者及び市町村教育委員会が認める準要保護者が対象であり、学用品費や給食費、修学旅行費等が一定限度で支給される）で学校を通じた支給にしてもらい、学校に直接入金されるようにするなどの対応が考えられる。

このように、学校には副教材を提供する法的義務はないとしても、当該

---

[31] 最高裁昭和39年2月26日判決・判タ157号94頁。
[32] 前掲注5・坂東＝羽成422頁。

生徒に副教材がなければ、授業を実施することもできないため、現実の対応としては、学校にある予備の副教材を貸与し、あるいは副教材を提供した上で、教材費の取扱いについて保護者と話し合いを行うことになると考えられる。

　なお、副教材費を負担しない保護者の行為は、ケースによっては児童生徒に対する経済的虐待・育児放棄とも評価し得る行為であることに注意が必要である。

第3章 不登校

事例30　不登校生徒の保護者が学力保障を要求

　不登校の生徒（中学生）について、生徒の親から学力保障の要求を受けた。

　教員は、家庭を訪れて話をしたり、特別に課題を出したり、放課後に登校をさせて一緒に勉強している。

　それにもかかわらず、生徒の親が不登校の相談のため来校し、夜の2時や3時まで帰らないことがある。

事例31　警察署に連れて行ったことに抗議しての不登校

　中学生の生徒Aが同級生の生徒Bの自転車を盗んだ。

　Aは自分の自転車であると言っていたが、その自転車の防犯登録番号がBのものだったので、Bが警察に被害届を出した。

　警察から学校に対し、「Aを警察署に連れてきてほしい」旨の連絡があったので、Aを警察署に連れて行った。

　これに対して、Aの保護者は「学校が子どもを警察に売った」としてAを登校させなくなり、その上で「学力保障をどうするのか。教育を受ける権利の侵害だ」と言ってきた。

論点

1　児童・生徒の学力を保障する法的義務はあるか。

　　不登校の生徒について、教員が生徒の自宅へ出向くことや、勤務時間外に対応する法的義務はあるか。

2　教員が、警察から要請を受けて生徒を警察署に連れて行くことが違法・不当な行為に該当するか。

法的義務の有無

1 学力を保障する法的義務の有無

(1) 憲法では、「すべて国民は、法律の定めるところにより、その能力に応じて、ひとしく教育を受ける権利を有する。」として教育を受ける権利（教育の機会均等の保障）を規定するとともに（憲法26条1項）、「すべて国民は、法律の定めるところにより、その保護する子女に普通教育を受けさせる義務を負ふ。」（憲法26条2項）として保護者に、子女に対して教育を受けさせる義務も規定している。

これを受けて、学校教育法は、保護者に対し、子どもに普通教育を受けさせる義務を課している（教育基本法5条、学校教育法16条、17条）。保護者が履行の督促を受けても履行しない場合、罰金刑も予定されている（学校教育法144条1項）。

このように、保護者は子どもを就学させる義務を負っている。

(2) 他方、学校の責任に関して、学校教育法施行令19条は、学校長においては、常に、その学校に在学する児童・生徒の出席状況を明らかにしておかなければならないと規定し、同20条は児童・生徒が引き続き7日間出席せず、その他出席状況が良好でない場合、その出席させないことについて保護者に正当な理由がないと認められるときは、すみやかに教育委員会に通知しなければならないと規定している。そして、同21条では、教育委員会が前条の通知を受けた場合、保護者に対して児童・生徒の出席を督促しなければならない旨規定されているが、その他に学校の責任を明記する法律上の根拠は見当たらない。

学校としては、児童・生徒の就学状況を把握し、出席状況が良好でない場合、保護者に対して児童・生徒の出席を督促する法的義務を負うものの、児童・生徒に対して積極的に学力を保障すべき法的義務を負うものではない。このことは、不登校の児童・生徒についても同様にあてはまる。

(3) しかし、教育を受ける権利の観点からすれば、法的義務ではないとしても、登校を拒否する生徒への教育を実現するための体制の整備や教育上の配慮は必要である。

不登校の生徒に対する学力保障については、基本的に、学校の裁量に属する問題となるが、参考となる指針も発出されている。
　文部科学省初等中等教育局長通知「不登校への対応の在り方について」(平成15年5月16日文科初第255号)によれば、不登校の子どもに対するきめ細かく柔軟な個別・具体的な取組みとして以下のような様々な方法が定められている。
① 　校内の指導体制及び教職員等の役割
② 　情報共有のための個別指導記録の作成
③ 　家庭への訪問等を通じた児童生徒や家族への適切な働きかけ
④ 　不登校児童生徒の学習状況の把握と学習の評価の工夫
⑤ 　児童生徒の再登校に当たっての受け入れ体制
⑥ 　児童生徒の立場に立った柔軟な学級替えや転校等の措置

2　教員が、警察から要請を受けて生徒を警察署に連れて行くことが違法であるか否かについて

　教員には、学校の教育活動及びこれと密接な関係にある生活関係について、保護者等の法定監督義務者に代わって児童生徒を監督する義務が生じ得る。
　学内にいる生徒に対して警察に出頭するよう説得し、生徒がこれに応じた場合には一緒に警察に行くという行為は、上記代理監督義務に基づく行為ということができ、教員が警察から要請を受けて生徒を警察署に連れて行くことは、有形力を行使した場合等の例外的な事例を除き、必ずしも違法とはいえないであろう。
　教員に代理監督義務が認められる場合でも、法定監督義務者の義務が消滅するというわけではない。
　学内での問題に尽きる場合は格別、家庭での生活にもかかわる事項については、法定監督義務者の判断に委ねることが望ましい。
　生徒を警察署に連れて行った場合、捜査官からの取調べを受けることが想定され、自宅に戻ることができないことも想定される。
　このため、警察に連れて行く場合、事前に保護者に連絡すべきである

と考える。

> 具体的対処法

1 事例1について

　不登校の生徒に対して具体的にどのような対応をするかについては、学校の裁量にゆだねられているが、前記の局長通知などを踏まえ、対応方針と具体的方法を十分に検討することのほか、その検討の際には保護者の意見を聞くことも望ましい方法といえる。

　もっとも、不登校の生徒の学力保障という意味において、そのために教員が生徒の自宅など学校外へ出向くことや教員の業務時間外に対応することまでの法的義務があるわけではなく、ましてや、夜の2時や3時まで対応する法的義務などない。

　親が教員に対して寝泊りを伴う補習を要求するなどの行為は、その要求内容自体が不当であるといえるが、それのみならず、親が要求した補習の仕方に応じるまで学校に居座って帰らないなど、その手段が不当である場合も、要求を拒絶すべきであり、場合によっては法的措置も検討する余地がある。このような場合には、法的措置に備えて、学校は複数での対応を行い、要求内容等を記録化しておくべきである。

2 事例2について

　非行少年への対応に当たっては、家庭とも連携をとる必要がある。警察から連絡を受けた場合、学校単独ではなく保護者とも連絡をとり、連携をとりながら、子どもの教育上の観点から、警察に行くか否かを判断することが望ましい。

　もっとも、本ケースでAを警察に連れて行ったことが違法・不法な行為に該当するとは言い難く、また、それ故にAの保護者がAを登校させないことが正当化されることもない。

　子どもの意思にかかわりなく親が子どもを登校させない場合は、教育委員会からの出席の督促等も含めて対応を検討することになる。

事例32　不登校生徒が別室で授業を受けた際の苦情

　不登校の女子中学生Cの保護者から、Cの学力保障を求められた。その要望に応え、学校は、Cを別室に登校させ、担任や担任以外の教員らがボランティアでCを教えていた。

　そのような中、若手の男性教員Dは、生徒Cとのコミュニケーションを取って今後の指導に生かすため雑談の中で「好きな男性芸能人は誰なの？」と聞いた。

　これに対して、Cの保護者が「セクハラである」と苦情を述べ、Dを家に呼びつけてクレームをつけるということを続けている。

論　点

1　児童・生徒の学力を保障する法的義務があるか。
2　生徒に対する質問はセクハラに該当するか。
3　教員は保護者による呼び出しに応じる義務を負うか。

法的義務の有無

1　不登校の生徒に対する学力保障の方法

　本章事例30、31の【法的義務の有無】「1　学力を保障する法的義務の有無」を参照。

2　生徒に対する質問がセクハラに該当するか

　文部省教育助成局地方課長通知「公立学校等における性的な言動に起因する問題の防止について」（平成11年4月12日文教地第129号）では、セクハラの定義について、「性的な関心や欲求に基づく相手を不快にする言動又は性別により役割を分担すべきとする意識に基づく相手を不快にする言動」と定めている。

　教員による「男性芸能人で好きなのは誰？」という質問は、生徒とコミュニケーションを取るための質問に過ぎず、性的な関心や欲求に基づ

く相手を不快にする言動と評価されるものではないため、セクハラには該当しない。

3 教員は保護者による呼び出しに応じる義務を負うか

教員が生徒の自宅を訪問しなければならない法的義務はない。

教員の行為がセクハラと評価されるようなものであったとしても、生徒の自宅を訪問することを義務づける法的根拠はない。

具体的対処法

1 本件の教員Dの質問それ自体は、セクハラには該当しない。

しかし、本件のような保護者を持つ生徒の場合、セクハラと疑われるだけでもトラブルが生じてしまう可能性がある以上、たとえ学校が別室での補習を実施することを決定したとしても、男性教員と女子生徒が二人きりになる状況を作出することは避けることが望ましい。

2 教員には、家庭への呼び出し及び面会を繰り返し要求する保護者に対して、これに応じる法的義務はない。

学校としては、曖昧な対応をせず、保護者に対し、呼び出しに応じることができないことを明確に伝える必要がある。

それでも、保護者が電話や訪問により要求を繰り返し、それにより教員の業務に支障が出ているような場合には、弁護士に依頼のうえ、裁判所に面談禁止等の仮処分を申し立てる等の法的措置も検討の余地があろう。そのような法的措置を講ずることにも備えて、学校側としても複数で対応し、要求内容等を記録して証拠化することが望ましい。

また、保護者の言動がエスカレートし、脅迫等に該当するような事態に至った場合は警察への相談も必要となるが、証拠が必要となる点は同様である。

事例33 教育委員会へ直接の苦情

児童の母親から、教育委員会宛に次のような苦情の電話があった。
① 一部の声の大きな親に対して、学校や教員が迎合しているので

はないか。また、個人情報等をそのような保護者に漏らしているのではないか。
② 児童が不登校の傾向があり悩んでいるが、相談しても学校側が親身になってくれない。教育委員会は、母親に対し、事実を確認した上、指導の必要性を判断したいので、学校名や児童の氏名等を教えて欲しいと依頼したが、匿名で処理して欲しいとのことで回答を得ることができなかった。
　母親の話では、既に当該学校の教員に対して、悩み・苦情を伝えているということであったので、教育委員会担当者は、このような保護者の子育ての悩みや不安に対して相談体制・カウンセリング等の支援もあることを保護者に伝えた。

論点

保護者からの申し出による教育委員会の調査義務の有無及び範囲。

法的義務の有無

地方教育行政の組織及び運営に関する法律は次のとおり規定している（以下は抜粋）。

第23条　教育委員会は、当該地方公共団体が処理する教育に関する事務で、次に掲げるものを管理し、及び執行する。
(3) 教育委員会及び学校その他の教育機関の職員の任免その他の人事に関すること。
(5) 学校の組織編制、教育課程、学習指導、生徒指導及び職業指導に関すること。
(9) 校長、教員その他の教育関係職員並びに生徒、児童及び幼児の保健、安全、厚生及び福利に関すること。
(18) 所掌事務に係る広報及び所掌事務に係る教育行政に関する相談に関すること。
(19) 前各号に掲げるもののほか、当該地方公共団体の区域内における教

育に関する事務に関すること。

　教育委員会の事務は多岐に及ぶところ、本件の保護者からの指摘の内容はいずれも教育委員会の所管事務に該当する事項と思われ、所管事項に関して調査依頼があれば調査に着手する必要がある。
　ただし、苦情を述べた保護者に対する法的な調査義務が直ちに発生するということではない。
　苦情の電話等、調査の端緒があったにもかかわらず調査を実施せず、後に問題が顕在化して損害が発生したというような場合に、当該不作為が不法行為等民法の一般理論により違法と評価され、損害賠償責任を負う可能性が生じるという範囲での法的義務であると考えられる。
　苦情の内容が、調査対象の特定もできないようなものである場合、適切な調査を実施することもできないのであるから、後に損害賠償責任を負担するリスクは低い。

具体的対処法

1　調査の対象を特定するため、学校名等を明らかにするよう求め、それでも明らかにされない場合、調査を実施するのが困難であることを明確に伝える必要がある。できないことはできないと回答することが肝要である。
2　児童や保護者から相談の電話を受けた場合、時間をかけて話を聞き、内容が教員のレベルで対応できない場合は、カウンセリング支援の案内をすることになる。

事例34　児童を登校させない保護者

　小学生男児の父親が、当該男児が幼稚園の頃から、幼稚園や小学校、市の教育委員会に対する不当要求を繰り返している。
　直近の不当要求等は次のとおりである。
　職員朝礼中に、その父親が、勝手に職員室に入室してきて、「子どもが学校でいじめの被害に遭っており、登校させることができな

い。」などと大声で怒鳴り始めたため、校長が父親を制止し、その場は収まった。

当該父親からの不当要求等には波があり、落ち着いている時期もあれば、不当要求等が激しい時期もある。不当要求等が激しい時期には、男児を登校させない傾向にある。

いじめがあったとの主張に対しては調査も実施したが、いじめの事実はなかった。また、当該男児からも、いじめを受けたとの申告もない。

論点

保護者が児童を登校させなくなったときの対応。

法的義務の有無

1　子どもを就学させる義務については、本章事例30、31の【論点】「1　児童・生徒の学力を保障する法的義務はあるか。」に関する解説を参照。
2　児童福祉法、児童虐待の防止等に関する法律には、次のとおり、福祉事務所若しくは児童相談所への通告義務が規定されている。

児童福祉法
第25条　要保護児童を発見した者は、これを市町村、都道府県の設置する福祉事務所若しくは児童相談所又は児童委員を介して市町村、都道府県の設置する福祉事務所若しくは児童相談所に通告しなければならない。〔以下　略〕

児童虐待の防止等に関する法律
（児童虐待に係る通告）
第6条　児童虐待を受けたと思われる児童を発見した者は、速やかに、これを市町村、都道府県の設置する福祉事務所若しくは児童相談所又は児童委員を介して市町村、都道府県の設置する福祉事務所若しくは児童相談所に通告しなければならない。

第 3 章　不登校

具体的対処法

　不当要求等が重なる時期には男児が登校できていない状況に照らすと、当該父親を必要以上に刺激すると男児の学習の機会が奪われることにもなりかねず、慎重な対応とならざるを得ないと考えられる。

　父親が、職員朝礼中に勝手に職員室に入室し大声で怒鳴ることなどは建造物侵入、業務妨害行為であるから、今後も繰り返されることが予測されるといった事情があれば、警察への通報や仮処分などの法的措置も可能である。ただし、それによる児童への影響も十分考慮する必要があろう。

　本件では、教育委員会からの出席の督促等の対応をしただけでは、効果的な対応とはいえず、何らかの積極的な措置が求められる。

　また、父親が男児を登校させない状況が続く場合や虐待を受けている可能性がある場合、児童相談所などに協力を要請した上で、男児を一時的に保護してもらうという対応も検討する必要があると思われる。

　児童虐待のケースである場合は、児童を児童福祉施設へ入所させることなどにより、子どもの保護を図ることも視野に入れなければならない。

第4章　学校側の裁量事項——施設管理、職員人事、生徒児童に対する指導方法等

1　教員の時間外勤務

事例35　保護者からの苦情が夜遅くまで続く

　ある保護者が、生徒の学校での生活状況について、質問や不満を毎日電話し、電話が1時間以上となることがある。それまで電話応対していた教員が電話に出られない場合は、激昂する。電話に出られなかった教員が折り返し電話すると、電話口で怒鳴られる。
　その結果、教員は、午後8時や9時を超えても電話対応を強いられ、長時間の時間外労働を強いられている。

論　点

1　保護者対応の必要性とその程度
2　教員の時間外勤務について

法的義務の有無

1　保護者対応の必要性とその程度

　保護者からの生徒の学校での生活状況に関する質問等に対して、教員は、学校教育法43条に基づいて、校務の一環として一定の対応をする必要がある。しかし、それは相当な範囲で行えば足りるものである。
(1)　校務の内容
　　校務とは、学校の仕事全体を指すものであり、学校の仕事全体とは、学校がその目的である教育事業を遂行するために必要とされるすべての仕事であって、その具体的な範囲は以下のとおりである。
　　ア　教育課程に基づく学習指導などの教育活動に関する面
　　イ　学校の施設設備、教材教具に関する面
　　ウ　文書作成処理や人事管理事務や会計事務などの学校の内部事務に

関する面
　エ　教育委員会などの行政機関やPTA、社会教育団体など各種団体との連絡調整などの渉外に関する面
　　これらの校務のうち職員に与えられて果たすべき任務・担当する役割が職務であり、具体的には、児童生徒の教育のほか、教務、生徒指導又は会計等の事務、あるいは時間外勤務としての非常災害時における業務等がある。
(2) 各教員が分担する職務内容
　　各教員の分担する職務内容は、法律、条令等で抽象的に定められているが、具体的内容は上司の職務命令によって決定される。なお、公立学校の教職員は、法律上、上司である校長、教頭、教育委員会等からの職務命令に忠実に従う義務があると規定されている（地方公務員法32条、地方教育行政の組織及び運営に関する法律43条2項)[33]。
(3) 保護者に対する教育活動その他の学校運営の状況の説明の法的根拠
　　学校教育法43条は「小学校は、当該小学校に関する保護者及び地域住民その他の関係者の理解を深めるとともに、これらの者との連携及び協力の推進に資するため、当該小学校の教育活動その他の学校運営の状況に関する情報を積極的に提供するものとする。」と定められており、教育活動その他の学校運営の状況を保護者に説明することは学校の努力義務である。
　　上記各規定は幼稚園（学校教育法28条）、中学校（同49条）、高等学校（同62条）、中等教育学校（同70条）、特別支援学校（同82条）、専修学校（同133条）及び各種学校（同134条第2項）に、それぞれ準用されている。
　　ただし、学校運営の状況の説明については、当然のことながら相当な範囲で行えばよく、保護者が求めるからと言って常識を越える不相当な要求にまで常に応じる必要はない。
(4) 保護者対応の法的根拠
　　学校には、学校教育法43条に基づいて、学校の様々な取組みや努力

---

[33] 前掲注5・坂東＝羽成396頁。

など学校に関する情報を、随時、授業参観等学校公開を実施し、学校便り、学級便り等を通じて、保護者等に日常的かつ積極的に提供することが求められている[34]。

教員が保護者からの質問に回答することや必要な説明をすることが校務であるので、当該教員は、校長や教頭等の職務命令を受け、具体的な職務として当該保護者対応をすることになる。

2 教員の時間外労働について

保護者への説明が教員の職務と評価されるとしても、どの程度の説明をする必要があるのかは、別途、検討する必要がある。今回のように、毎日1時間以上話をすることや、例えば午後8時や9時を超えても保護者との対応をする必要があるのかということである。

公立学校の管理職以外の教員には、午前8時30分から午後5時30分までというような定時労働時間はあるものの、労働基準法37条の時間外労働における割増賃金の規定が適用除外となっているため、時間外勤務手当が支給されない（公立の義務教育諸学校等の教育職員の給与等に関する特別措置法5条、3条2項）[35]。

教員については一般の公務員と同様な時間管理を行うことは必ずしも適当でなく、とりわけ時間外勤務手当は教員になじまないとの考えの下、勤務時間の内外を包括的に評価して一律の教職調整額（給料月額の4パーセント）が支給されることとされているのである（同3条1項）。なお、この教職調整額は時間外労働時間がない教員や休職中の教員に対しても支給されていることや、時間外勤務命令が限定的に解されていることからすれば、教職調整額が支給されていることによって、無制限の時間外勤務を強制されるというものではない。

---

[34] 佐藤晴雄監修　学校運営実務研究会編集「新・教育法規　解体新書ポータブル」373頁（東洋館出版社、2014年）。

[35] 文部科学省「2　教員の勤務時間管理、時間外勤務、適切な処遇の在り方」http://www.mext.go.jp/b_menu/shingi/chousa/shotou/052/houkoku/08091011/003.htm

第4章　学校側の裁量事項─施設管理、職員人事、生徒児童に対する指導方法等

　教員がどの程度の時間をかけて保護者対応するのかということは校長や教頭による職務命令によって一定の範囲を画することになる。
　時間外勤務を命じることができるのは、生徒の実習に関する業務、学校行事に関する業務、教職員会議に関する業務、非常災害等やむを得ない場合に必要な業務のいずれかに該当する場合に限られている（これらのいわゆる超勤4項目に加えて学生の教育実習の指導に関する業務が挙げられている条例もある）[36]。現行制度上では、超勤4項目以外の勤務時間外の業務は、超勤4項目の内容の変更をしない限り、業務内容の如何にかかわらず、教員の自発的行為として整理される[37]。
　校長や教頭が超過勤務を前提とする保護者対応を命じることは原則として認められず、超過勤務を前提とする保護者対応は教員の自発的行為と評価される。そのため、教員は、超過勤務を前提として保護者対応をする法的義務がないことを前提に対応をすることになる。したがって、勤務時間外に保護者との電話対応に応じることは、教員の法的義務の範囲外の自発的行為である。
　もっとも、このような現行制度の下では、管理職である校長や教頭が実態として月々の給与を支給する上で部下である教員の時間外勤務の状況やその時間数を把握する必要に迫られることが少ないことから、教員が時間外労働を強いられている状況にある[38]。
　更に、勤務時間内であっても、相当な範囲で説明を行えば足り、保護者からの常軌を逸した説明要求に常に応じなければならない義務はない。

> 具体的対処法

1　教員は、保護者に対して必要な説明をすることが校務であるので、当

---

[36] 公立の義務教育諸学校等の教育職員を正規の勤務時間を超えて勤務させる場合等の基準を定める政令2号。

[37] 文部科学省「教員の職務について」
http://www.mext.go.jp/b_menu/shingi/chukyo/chukyo3/031/siryo/06111414/003.htm

[38] 前掲注35参照。文部科学省「2　教員の勤務時間管理、時間外勤務、適切な処遇の在り方」。

該教員は、具体的な職務として当該保護者対応をすることが必要である。しかしながら、本件のように、保護者が、毎日１時間以上の話を強要したり、また、電話口で怒鳴る等の不相当な対応を続けるのであれば、それ以上の対応を打ち切るといった対応をすべきである。

2　特に、勤務時間外に保護者との電話対応に応じることは、教員の法的義務の範囲外であり、教育的配慮からの自発的行為である。

　　ただ、時間外であることのみを理由に電話対応をしないというのでは保護者との信頼関係を維持することはできないので、法的義務がないことを前提に、対応方針を確立することが求められる。

3　教員は、可能な限り勤務時間内に対応できるように保護者を促すこと、対応時間を区切って対応すること、対応時の注意点等のマニュアルを整理し、当該マニュアルに沿って当該教員単独での対応が困難であれば、速やかに校長、教頭による対応を開始する。解決の糸口が見えない事案である場合には、早期に弁護士に相談して法的対応を検討することが求められる。

　　教員単独での対応を強いられる電話での協議は可能な限り避け、複数人による面談で対応するなど、対応する教員へのバックアップの態勢を整えることが必要である。

　　学校側は毅然と対応し、それでもなお、必要性が低い用件につき執拗な電話対応が迫られる場合は、弁護士と相談のうえ対応方法を検討すべき場合もあろう。

事例36　教諭の休暇を認めない保護者

> ある保護者は、担任教員に対し、「担任を持った教員が学校を休むことは無責任であって許されない。１日でも休んだ場合は訴える」などと担任教員を威迫する。担任教員は親に言い返すことができず、精神的な負担を抱えている。

論点

1　有給休暇の取得の可否

2 学校側が別の日に有給を取得するよう指導できるか。
3 保護者から要求された場合、学校は教員の有給休暇取得の求めに対して時季変更権を行使しなければならない法的義務はあるか。

法的義務の有無

1 有給休暇の取得の可否

年次有給休暇の権利は、労働者が雇入れの日から起算して6か月間継続して勤務し、全労働日の8割以上出勤するという客観的要件を満たせば、法律上当然に発生する権利であり、労働者が年休の請求をして初めて発生するものではない[39]。

そして、労働者が、有給休暇権を具体的に行使するに当たっては、その有する休暇日数の範囲内で、具体的な休暇の始期と終期を特定して時季指定をしたときは、客観的に労働基準法39条5項ただし書所定の事由が存在し、かつ、これを理由として使用者が時季変更権の行使をしない限り、上記指定によって年次有給休暇が成立し、当該労働日における就労義務は消滅する。

教員も労働基準法39条5項が適用される以上、年次有給休暇を取得する権利を有している。

2 学校側が別の日に有給を取得するよう指導できるか

年休権を取得した労働者は、時季指定権（同条5号本文）の行使、または労働協定による年休日の特定（同条4項）により、年休の効果を発生させることができる。

しかし、使用者が「事業の正常な運営を妨げる場合」に時季変更権を適法に行使する（同項但書）場合には、労働者の時季指定による年休の効果は発生しない。

この場合、年休の時季を特定する権利が労働者にある以上、使用者側

---

[39] 最高裁昭和48年3月2日判決・民集27巻2号191頁。

が代わりに付与する時季を指定する必要はなく、時季変更権行使方法としては、年休を承認しない旨を労働者に告げることだけで足りる[40]。

この点、「事業の正常な運営を妨げる場合」とは、単に業務上の支障が生じるという点だけでなく、使用者は適切な人員配置や代替的要員確保の努力を行う等、労働者が指定した時季に年休が取得できるよう配慮することが必要であり、このような配慮を尽くさずに行った時季変更権の行使は無効となる。

学校の教員の場合、例えば、授業参観のように担任教員の授業の様子をみることが目的の一つであるような場合には、他の教員に授業をさせることはできないし、また、運動会や卒業式も担任教員の代わりの教員がいないと判断されよう。このように、有休取得の日によっては、「事業の正常な運営を妨げる場合」に当たる場合もある。

したがって、学校が時季変更権を行使できる場合にこれを学校側が行使したときは、教員はその時季の年休を取得できない[41]。

3　時季変更権を行使する法的義務はあるか

時季変更権は、労働者の年休の補償と使用者の業務の正常な運営の調和をはかるため、使用者に認められた専権である。つまり、使用者である学校のみが時季変更権を行使する権限があり、保護者はこの権限がない。

「事業の正常な運営を妨げる場合」に当たるかどうかを学校側で判断し、事業の正常な運営を妨げないと判断すれば、時季変更権を行使する必要もない。

したがって、学校側は、保護者から要求されたとしても、時季変更権を行使する法的義務はない。

4　なお、各自治体において、公立学校の教員の勤務時間、休日、休暇等に関する条例が制定されており、その中で教員の有給休暇の取得、時季指定権について定められている（例えば、大阪府においては、職員の勤務時

---

[40] 最高裁昭和57年3月18日判決・民集36巻3号336頁。
[41] 前掲注34・佐藤588、589頁。

間、休日、休暇等に関する条例13条)。

> 具体的対処法

　教員の権利について説明し、当該教員が休暇を取った場合のサポート体制を説明することになる。

　保護者から学校側に対して時季変更権の行使を求められたとしても、時季変更権を行使するかどうかは学校側の判断であるし、仮に時季変更権を行使したとしても、特定の日に有休取得を認めないということになるだけで、別の日に有給休暇を取得できることになるため、1日たりとも休ませないなどということは不可能であることを説明する。

　保護者の要求の態様によっては、不当要求事案であるといえ、弁護士に相談のうえ、対応を協議すべき場合もあろう。

…参考判例…

(最高裁昭和62年7月10日判決・民集41巻5号1229頁)

《事案の概要》

　上告人は、5名の係員とともに日勤・宿直・宿明勤務の六輪番交替服務という勤務体制に組み入れられていたが、勤務割において日勤勤務に当たっていた日について、その13日前に年次休暇の時季指定をした。労使間の協議により、日曜、祝祭日の日勤勤務の場合に必要な最低配置人員は2名と定められていた。その課の課長は、労働者が成田空港反対現地集会に参加して違法行為に及ぶおそれがあると考え、右参加を阻止するため、上告人の年次休暇の取得をやめさせようと企図して、あらかじめ上告人の代替勤務を申し出ていた職員を説得してその申出を撤回させたうえ、右同日に上告人が出勤しなければ必要な最低配置人員を欠くことになるとして、上告人に対し時季変更権を行使した。

《論点》

　代替人員の確保ができる場合も時季変更権の行使ができるか。

《判旨》
　年次休暇権は労基法が労働者に特に認めた権利であり、その実効を確保するために附加金及び刑事罰の制度が設けられていること、及び休暇の時季の選択権が第一次的に労働者に与えられていることにかんがみると、労基法の趣旨は、使用者に対し、できるだけ労働者が指定した時季に休暇を取れるよう状況に応じた配慮をすることを要請しているものとみることができる。そして、勤務割を定めあるいは変更するについての使用者の権限といえども、労基法に基づく年次休暇権の行使により結果として制約を受けることになる場合があるのは当然のことであつて、勤務割によってあらかじめ定められていた勤務予定日につき休暇の時季指定がされた場合であってもなお、使用者は、労働者が休暇を取ることができるよう状況に応じた配慮をすることが要請されるという点においては、異なるところはない。
　事業場において、使用者としての通常の配慮をすれば、勤務割を変更して代替勤務者を配置することが客観的に可能な状況にあると認められるにもかかわらず、使用者がそのための、配慮をしないことにより代替勤務者が配置されないときは、必要配置人員を欠くものとして事業の正常な運営を妨げる場合に当たるということはできないと解するのが相当である。そして、年次休暇の利用目的は労基法の関知しないところであるから、勤務割を変更して代替勤務者を配置することが可能な状況にあるにもかかわらず、休暇の利用目的のいかんによってそのための配慮をせずに時季変更権を行使することは、利用目的を考慮して年次休暇を与えないことに等しく、許されないものであり、右時季変更権の行使は、結局、事業の正常な運営を妨げる場合に当たらないものとして、無効といわなければならない。

《当該裁判例を踏まえて》
　勤務割のような勤務体系であっても、労働者の休暇をとれるように配慮する必要がある。これは、人員代替性がある場合の事例と思われる。

時季変更権が適法に行使されているかは、単に業務上の支障が生じるという点だけでなく、その前提として、使用者が適切な人員配置や代替要員確保の努力を行っているかなど、労働者が指定した時期に年休が取得できる状況に応じた配慮を尽くしているか、が考慮要素となる。

そして、教員の場合、専門科目など教員が数名いる場合には、授業を他の者に代わりにさせることができるため、代替性があると言える。

しかし、例えば、授業参観の日に担任が年休を取得する場合、授業参観は担任の授業の様子をみることが目的の一つであるとすれば、他の者にこれをさせることはできず、代替性はないといえる場合もあろう。

（最高裁昭和57年3月18日判決・民集36巻3号366頁）

《事案の概要》

従業員X1X2が、朝にその日の年次休暇を請求し、時季指定権の行使を行った。これに対し所属長は、事業に支障が生じるおそれがあると判断したが、休暇を必要とする事情のいかんによっては業務に支障が生じるおそれがある場合でも年次休暇を認めるのを妥当とする場合があると考え、休暇を必要とする事情を聴取しようとしたが、従業員X1及びX2が理由を明らかにすることを拒んだため、その日の午後に年次休暇の請求を不承認とした。

なお、年次休暇の取得は、前々日までに所長の承認をえなければならないと就業規則で定められていた。

《論点》

時季変更権の行使は、労働者が指定した休暇期間が開始または経過した後になされても有効となるか。

《判旨》

労働者の年次有給休暇の請求（時季指定）に対する使用者の時季変更権の行使が、労働者の指定した休暇期間が開始し又は経過した後に

された場合であっても、労働者の休暇の請求自体がその指定した休暇期間の始期にきわめて接近してされたため使用者において時季変更権を行使するか否かを事前に判断する時間的余裕がなかったようなときには、それが事前にされなかつたことのゆえに直ちに時季変更権の行使が不適法となるものではなく、客観的に右時季変更権を行使しうる事由が存し、かつ、その行使が遅滞なくされたものである場合には、適法な時季変更権の行使があつたものとしてその効力を認めるのが相当である。

《当該裁判例を踏まえて》

年休取得日の直近に年給請求をすると、学校側も教育・行事計画があるため、学校の「事業の正常な運営を妨げる場合」にあたりやすいと考えられる。

また、本事案では、労働者が理由を説明しなかったため、より「事業の正常な運営を妨げる場合」にあたると判断された。そこで、年休を取得する教員は直近での年休の取得の場合、可能な限り、年休を取得する理由を学校側に説明するほうがよいといえる。

② 施設管理権について

事例37　鍵のかかる靴箱への変更要求
　中学校の女子生徒の父親から、学校に対して、「娘の上靴が靴箱から2度もなくなっている。鍵のかかる靴箱に変えろ」との要求があった。

論　点

　保護者からの要望に応じて靴箱などの学校施設を変更しなければならない法的義務はあるか。

法的義務の有無

1　学校の施設・設備の管理

　学校の施設・設備の管理者は学校の設置者であり（学校教育法5条）、公立学校の場合、教育委員会が委任する教育長もしくは校長が管理行為を行うこととなる（地方教育行政の組織及び運営に関する法律21条1号、33条）。
　学校の施設・設備は、地方公共団体の財産として常に良好の状態において管理し、目的に応じて効率的に運用されなければならないとされており（地方財政法8条）、学校の施設・設備の変更の費用は地方公共団体の予算から支出されることになる。
　地方公共団体の予算によって鍵付きの靴箱を設置することは不可能なことではないと思われるが、多くの学校では鍵のない靴箱が設置されていると考えられる。そのため、特定の公立学校で鍵付きの靴箱を設置するに当たっては、予算を支出しない方法での盗難対策をとったにもかかわらず、盗難事故が頻発するなどの例外的な事情が必要になると考えられる。

2　鍵付き靴箱を設置する法的義務はあるか

学校保健安全法26条では、「学校の設置者は、児童生徒等の安全の確保を図るため、その設置する学校において、事故、加害行為、災害等により児童生徒等に生ずる危険を防止し、及び事故等により児童生徒等に危険又は危害が現に生じた場合において適切に対処することができるよう、当該学校の施設及び設備並びに管理運営体制の整備充実その他の必要な措置を講ずるよう努めるものとする。」と定められているが、この条項は、学校の管理者には児童生徒等の身体に対する危険の防止や危害が現実に生じた場合の対処のため、必要な措置を講ずる努力義務があると規定したものである。

　靴の盗難事故を防止することは、学校内での犯罪の抑止及び被害の防止という観点から重要ではあるものの、事故等により、児童生徒等の身体に生じる危険の防止や危害が現実に生じた場合とまでは評価できない。そのため、上記の学校の管理者の努力義務の範囲内とも捉えることができないことからすれば、鍵付きの靴箱を設置するか否かは管理者の広い裁量の範囲内で決定すべき事項であるといえる。

3　以上により、原則として、学校には、保護者からの要望に応じて鍵付きの靴箱に変えるべき法的義務はない。

具体的対処法

　学校は、盗犯防止のための対策を講じる必要があるが、地方公共団体の予算による施設・設備の変更を検討するに当たっては、まずは予算を支出せずに目的を達成する方法を検討することになる。例えば、他の生徒に注意を促す、上靴の保管場所を別のところにする、毎日、上靴を持ち帰らせることなどの対策が考えられるところである。

　学校側としては、保護者の要求を踏まえつつ、裁量によって施設の設置等を検討することになる。学校が判断を出した後、執拗な要求が続いた場合は、毅然とした対応が求められる。

事例38　暴力団員の保護者が校内ルールを無視

　ある学校では、土曜参観のときに多数の保護者が来校するため、

第4章　学校側の裁量事項―施設管理、職員人事、生徒児童に対する指導方法等

> 自動車や自転車の利用を控えるように保護者に求めている。ところが、暴力団に所属している親が平然と自動車を校内に停車した。学校はその親に対して直接注意をすることができず、校内放送で何度も自動車を校内から出すように求めたが、その親は全く聞く耳をもたなかった。
> 　また、同じ学校で、運動会の日にはその暴力団に所属している親のために、ひと目で暴力団関係者とわかる男たちが校内で場所取りをして他の生徒の親たちが怖い思いをしている。さらに、校内での喫煙を禁止しているが、その親が喫煙していることもあった。

論点

1　保護者が自動車を校内に乗り入れることや保護者が校内で喫煙を行っていることに対し、学校はこれらを禁止する法的根拠はあるか。

2　暴力団に所属する保護者への対応方法。

法的根拠の有無

校長は、学校施設に対する施設管理権を有している。

校長は施設管理権を根拠としてその行使に当たって裁量権を逸脱しない限り保護者に対しても施設利用について一定の制約に服することを求めることができる。

学校内に自動車を乗り入れることや校内で喫煙することは児童生徒等の身体や健康、風紀に対する悪影響が生じる可能性があるため、学校の管理者たる校長は施設管理権を根拠として保護者が自動車で校内に乗り入れることや校内での喫煙を禁止することは、裁量権の範囲として認められる。

具体的対処法

一見して暴力団関係者らしき人物のルール違反を、教師たちが黙認する姿を生徒たちに見せることは、教育上も好ましいとはいえない。そのため、学校の管理者たる校長の管理権により、暴力団に所属する保護者によ

る不当な行為を抑止する必要がある。
1　このような事案では、学校は、暴力団に属する保護者に対し、任意の説得により校内からの自動車の退去や校内での喫煙をやめることを求めることとなろう。説得を試みるに当たっては複数名の教員で対応すべきである。
2　自動車が校内に入ることができないようにするため、花壇を並べるなどの対策が功を奏した事例がある（このような措置を無視して自動車で校内に入ってくれば、場合により建造物侵入罪（刑法130条）にも該当し得る。）。また、参観や運動会では児童生徒以外の者が立ち入ることのできる範囲を限定することや、校内は禁煙であることを複数掲示することなどの方策も考えられるところである。
3　暴力団関係者と保護者との対応についての基本は、このような保護者を他の保護者より優遇せず、普通どおりの（特別扱いしない）対応を常日頃から心がけることである。しかしながら、実際には恐怖感もあると思われるので、弁護士に相談の上、対策を講ずべきである。

事例39　皮膚病は校舎の素材と担任の化粧が原因とのクレーム

> 生徒の皮膚が赤くなったことについて、その生徒の親が、シックハウスや物質アレルギーが原因であるので、校舎の素材を全て開示してほしいと要求してきた。また、その生徒の担任の女性教員の化粧がアレルゲンの可能性があるので、化粧をやめてほしいと要求してきた。

論点

学校施設や学級担任が原因で傷病が発生したとの指摘を受けた場合、学校が保護者に対して調査義務や調査内容の報告義務を負うか。

法的義務の有無

1　学校施設を調査する法的義務の有無

第4章　学校側の裁量事項—施設管理、職員人事、生徒児童に対する指導方法等

　学校の施設を原因とする健康被害については、公立学校の場合は営造物責任の有無（国家賠償法2条1項）が問題となり、私立学校の場合は工作物責任の有無（民法717条）が問題となる。いずれも校舎という学校の施設に「瑕疵」があるといえるかが問題となる。
　施設の「瑕疵」とは、施設が通常有すべき安全性を欠いていることである。
　「瑕疵」の有無の判断についてはプールや遊具の瑕疵について判断した事案はあったが、校舎自体の素材が争点となった裁判例は、公表されているものでは存在しないようである。
　学校の管理者である校長には、生徒児童等の身体の安全を確保するため、校舎にアスベスト等の有害物質が含まれているか否かを調査する義務が生じ得る。
　しかしながら、生徒児童等が具体的な症状を訴えているわけではなく、特定の生徒児童が単にアレルギー体質であることのみを理由としているのに過ぎないのであれば、校舎の素材を調査すべき法的義務は直ちには認められないと考えられる。
　なお、学校は、保護者に対して、直接調査報告義務を負うものではない。しかしながら、生徒・児童の健康被害が現実化しており、それが校舎に起因する事が強く疑われる様な事情がある場合には、調査等、被害防止の適切な措置を怠ったことにより不法行為等、民法の一般法理によって損害賠償責任を負担することはあり得る。
　また、仮に学校が調査を実施したとしても、保護者に対しては、どの範囲で調査結果を開示するかについては管理者である校長の判断に委ねられるというべきである。
　調査に当たっては、校舎の所有者である自治体の協力も必要であり、教育委員会と協議して対応する必要性があろう。

2　女性教員が化粧をやめる法的義務の有無

　女性教員の化粧が原因で生徒にアレルギー反応が生じているとの主張については、その因果関係が特定されるなどの事情がない限り、管理者

である校長が女性教員に化粧をやめさせるよう求めるといった法的義務を負うということはない。

> 具体的対処法

1　学校施設の調査について

　生徒児童等にアレルギー症状が発生していることに起因して、校舎の素材を調査せよとの要望を受けた場合、生徒児童等の具体的な症状から、校舎の素材がアレルギー症状の発生の原因となっている可能性が高いと認められるときは、管理者である校長としては校舎の素材の調査を検討するべきであろう。

　調査の結果、有害物質が含まれている場合は校舎を改築する必要性が生じるし、また、有害物質が含まれていない場合には、その旨を保護者に説明すれば足り、全ての素材を開示する必要はないであろう。例えば、保護者から、どのような物質に対するアレルギーがあるのかを確認した上で、その物質が含まれているか否かに限定して回答するなど、開示する範囲は管理者である校長の判断に委ねられることになる。

2　女性教員の化粧について

　校長が保護者から申入れを受けた場合には、女性教員に対してこのような申入れを受けたということを伝え、最終的には当該女性教員の判断に委ねることになる。仮に、女性教員の化粧により児童生徒のアレルギー症状が発生している可能性があるときは、当該女性教員が化粧を自粛することで保護者の理解を得ることができると思われる。

③ 職員人事について

事例40　担任教員の変更要求
中学校の学級でいじめや生徒間のトラブルがあった。この問題が解決した後も、生徒の親から学校に対し「担任教員には指導能力がないので担任教員を変えろ」と要求されている。さらに、担任教員の転勤や退職を要求されている。

論点

校長は、学級でいじめや生徒間のトラブルが生じたことを理由として、保護者から担任を変更せよという要求を受けた場合、担任教員を変更しなければならない法的義務があるか。

法的義務の有無

1　担任教員を決定する法的根拠

中学校の担任教員の決定は「校長は、校務をつかさどり、所属職員を監督する。」として校長の公務掌理権限に属していると考えられる（学校教育法37条4項、同49条）。

この点、担任教員を外された小学校の教員（原告）が、校内人事の決定は教師集団によって自治的になされるべきものである旨主張し、校長による担任外しの決定が違法であるとして国家賠償請求をした事案において、名古屋地裁は、学級担任の決定は「公務分掌の決定の一つとして、学校教育法28条3項（現同37条4項）により校長の職務権限に属するものと解するのが相当」であると判示している[42]。

2　結論

---

[42] 名古屋地裁平成2年11月30日判決・判タ752号101頁。

したがって、担任教員を決定する権限が校長にある以上、校長が保護者の要求に応じて担任教員を変更しなければならない法的義務はない。

具体的対処法

校長には、保護者からの教員人事に関する要求に応じる法的義務はないが、保護者の申入れや要求を無視したり曖昧な回答をすると、保護者との信頼関係を損なうことになりかねない。このため、校長は、保護者の申入れや要求を無視することなく、保護者の言い分や要求の根拠となる事実を聴取した上で、担当教員を変更する必要がないと判断した場合には、担任教員を変更しないと明確に回答する必要がある。

それでもなお、執拗な要求が続く場合は、弁護士に相談のうえ、対応方針を検討すべきであろう。

事例41　保護者からの執拗な苦情により担任が心労で休職

小学校の担任教員Xが、児童AB間のトラブルへの対処として児童Aを叱ったところ、当該児童Aは母親Cに「自分は悪くないのに先生に叱られた」と伝えた。母親Cが担任教員Xに電話で抗議したところ、担任教員は「自分の認識では、児童Aに原因があるので、叱った」と回答した。そのため、母親Cは激昂した。

その後、母親Cは、教育委員会に対し、「子どもが担任の先生を嫌っている。学校に行きたがらない。不登校になったらどうするのか」という苦情を申し入れた。教育委員会は校長Yに事情を確認して善処するよう求め、校長Yが単独で児童A宅を訪ねて母親Cとの協議を試みたが話合いにならなかった。

職員会議では担任教員Xを変える必要はないということで意見は一致し、教頭Zが母親Cに対応することとなった。職員会議では弁護士に相談すべきではないかという提案もあったが、「子どもからの聴き取りが必要になるため、完全に争う覚悟でないと弁護士に関わってもらうことができないのではないか」という意見があり、弁護士への相談は控えることとなった。その後も母親Cからの苦情が

続き、担任教員Xは心労を原因として2学期から交代することになってしまった。担任教員Xの変更後も当該児童Aが他の児童とトラブルをおこすと、母親Cは学校に苦情を申し入れ、相手の児童を近づけないよう念書を作成するよう学校に要求するなどしている。

事例42　担任変更を教育委員会に直接申入れ

中学校の生徒の親から教育委員会に対し、「精神疾患に罹患しているわたしの子どもに対して、先生が突然切れて怒り出したり、舌打ちしたり、帰宅させようとするので、一刻も早く担任を変えて欲しい。」との苦情の電話があった。

事例43　過去に担任変更をさせた保護者からの執拗な担任変更要求等

1　生徒Aが自転車に乗っているときに交通事故に遭遇した。教員Xがかけつけ、生徒Aに自転車の乗り方について注意した。

当該生徒Aの親Cが、学校に対し、「事故の相手方がその様子を聞いていて、交通事故の交渉が不利になった。」という苦情の電話をかけてきた。それにかこつけて、過去にもこんなことがあった、あんなこともあった、と1～2時間にわたって苦情を述べた。

結局、担任教員Xがその親Cに対応できなくなり、担任教員Xからその親Cへ連絡をすることができなくなってしまったため、副担任の教員Yが連絡をするという形にせざるを得なかった。もっとも、当該生徒Aと担任教員Xとの関係自体が悪かったわけではない。

2　やがて、親Cは、担任教員Xを変えろと校長Zに求めてきた。その親Cは、過去にも担任教員を変えさせたことがあり、また、学童保育においても、担当者を変えさせたことがある人物であった。

校長Zは、担任教員Xに非がある場合ならともかく、そうではないので、今回は絶対に担任教員Xは代えないと決意して臨むことにした。親Cからの電話は、1回あたり1～2時間かかり、ま

た、文書で回答せよと求められることもあった。校長Zは、正式な文書ではなく、手紙を書くという形で対応した。親Cからは「（手紙では）文書とはいえない」などと言われたが、それでも正式な文書を出さなかった。

3 　最終的に、親Cは、「子どもを学校に行かせない」と言い出した。そこで、校長Zは、直接生徒Aとの面談を希望し、実際に生徒Aの話を聞いたところ、生徒Aは担任教員Xが嫌いなわけでもなく、また、学校に行きたがっていることが判明したので、学校に行かないという事態にはならなかった。その後も、電話でのやり取りが半年間くらい続いた。なお、その親Cは、学校に文句を言いに来たり、家庭訪問を拒否するなどしていた。

事例44　担任と教頭を転勤させるよう教育委員会へ要求

小学校の児童の祖母から、教育委員会に対し、「孫の担任と教頭を転勤させてほしい。担任は言葉遣いが悪く、態度が横柄。えこひいきもしており、子どもは担任を怖いと言っている。教頭も対応が悪く、保護者の間でも評判がよくない。」という苦情の電話があった。児童の祖母は教育委員会だけではなく、学校にも電話をかけているということであり、市の教育委員会で対応できないなら、県に電話するという発言もある。

論点

保護者の要求に応じて担任教員を変更しなければならない法的義務はあるか。

法的義務の有無

担任教員を決定する法的根拠について、事例40【法的義務の有無】を参照。

第4章　学校側の裁量事項—施設管理、職員人事、生徒児童に対する指導方法等

具体的対処法

1 **事例41について**

　担任教員から事情を確認したうえ、保護者には担任教員が生徒を叱った事情を説明することになる。それでも保護者から過度な苦情がなされる場合には、弁護士に相談した上で、保護者への対応を検討する必要がある。

　また、この事案では弁護士に相談すべきという提案もあったものの実際には弁護士に相談しなかったということである。しかし、学校自身が保護者から不当要求を受けているかどうかを判断するのは必ずしも容易ではない。弁護士への相談は、保護者と争うかどうかを決めてから行うというものではない。弁護士に相談したからといって、弁護士が学校側の意向を無視して保護者の前に出るということはない。学校としては、異常を察知した段階から弁護士に事案の経緯を伝えて相談し、法的な視点を踏まえた上で、陰ながら弁護士のアドバイスを受けて学校側で応対するか、弁護士に委任して弁護士に前面に出てもらって対応するか、等を検討すべきであった。

　なお、保護者は、学校に対し、他の児童を近づけないよう念書を作成するよう学校に要求しているが、これを作成する法的義務はなく、また、作成すべきでもない。

2 **事例42について**

　教育委員会の担当者は、保護者の言い分を聞いた上で、校長に保護者からの苦情の内容を伝えることになる。教育委員会と学校との間では、学校で対応すべき事案か、または教育委員会で対応する事案か、という点について協議し、それぞれの対応が矛盾しないように連携しながら対応する必要がある。

3 **事例43について**

　校長の対応の方法に問題はないと思われる。

4　事例44について

　教育委員会の担当者としては学校側に事実の調査を求め、保護者が主張する事実が認められなければ、対応ができないということを保護者に伝えることになる。その結果、保護者が主張する事実がないということであれば、「対応できない」ことを伝えるほかない。仮に、学校側が直接保護者と話をする際に、学校側にも激しいクレームがなされる可能性のある事案であるならば、少なくとも複数で対応することが必要である。

事例45　以前に問題のあった教員が再び子どもの担任教員になったとして変更を要求

　保護者から教育委員会に対し、現在の担任を変えて欲しいという電話があった。その電話の主は、「当該教員は、わたしの子どもの当時の担任教員の代わりにかつて短期間、担任として指導に当たったことがある。当時の学級では、当該教員の指導力不足で学級崩壊の状態となっていた。それにもかかわらず、当該教員が再度わたしの子どもの担任教員となった。学校はどういう意図でこの教員を再度担任教員にしたのか、学校の意図や教員への指導状況を知りたい。」との要求であった。

論　点

　担任教員を決定した理由を保護者に開示しなければならない法的義務があるか。

法的義務の有無

　担任教員の決定権限は校長にあることについて、事例40【法的義務の有無】を参照。
　また、担任教員を決定した経緯や理由を開示しなければならないという法的根拠はない。むしろ、決定の経緯や理由を開示しなければならないとすると、校長がその裁量の範囲内で適切な判断に基づいて決定できなくな

第4章　学校側の裁量事項―施設管理、職員人事、生徒児童に対する指導方法等

る弊害が生じる。

したがって、保護者からの要求に応じて学級担任を決定した理由を開示する法的義務はないと考えられる。

具体的対処法

学校と保護者の信頼関係を構築するため、教育委員会は学校側の工夫や努力を保護者に説明することが望ましいといえる。そこで、教育委員会は保護者が主張する事実の有無の調査に努めるべきである。

仮に、保護者が主張する状況（学級崩壊）があった場合であっても、学校として、当該学年に指導力のある教員を配置したり、管理職が教室を巡回してサポートしているといった努力がなされていることなど、現状で問題が生じていないことを保護者に説明することになる。

事例46　教育実習先でパワーハラスメントを受けたとして、実習生の保護者が懲戒処分を要求

学校で教育実習をした者の親から、教育委員会に対し、「子どもが教育実習先の学校で特定の教員からパワーハラスメントを受け、精神疾患に罹患した。」という苦情の電話があった。

事実確認のため学校を訪問して教員と面談したところ、当該教員は自己の非を認めた。

保護者からは、当該教員を懲戒処分にして欲しいとの申入れを受けている。

論点

教育実習をした者の保護者からの要求に応じて、教員に対して懲戒権を行使しなければならない法的義務はあるか。

法的義務の有無

教員が懲戒事由に該当する行為（地方公務員法27条2項、3項、地方教育行政の組織及び運営に関する法律43条3項）をした場合、懲戒処分を行うかどう

か、及び懲戒処分の内容は、教員の任命権者である教育委員会の裁量で判断すべき事項である。

したがって、保護者が教員を懲戒処分にして欲しいとの要求があったとしても、教育委員会はその要求に応じる法的義務は当然にはない。

具体的対処法

教育委員会は教員に対して事実確認を行い、教育実習をした者の保護者が主張する事実が認められれば、その内容に応じて当該教員を指導すべきである。しかし、懲戒権を行使するかどうかはあくまで教育委員会の判断に委ねられる。なお、教育実習をした者の保護者が主張する事実が認められない場合には、調査をした結果、事実は認められなかったと回答することになる。

なお、教員の行為がパワーハラスメントに該当するか否かについては、当該教員本人の認否だけでなく、実際の発言の内容、行動を客観的に判断して、社会通念上、パワーハラスメントに該当するか否かを慎重に判断すべきである。

事例47　児童が消しゴムのかすやクリップを投げた行為を暴行として被害児童保護者が警察に通報

小学校の女子児童Aが、同級生Bから消しゴムのかすやクリップを投げられる等の行為をされ、これを「いじめ」と感じていた女子児童Aが不登校となった。学校は当該行為を行っていた児童Bを適宜指導するなどして対応していたが、その対応に納得のいかなかった女子児童Aの親Cが、消しゴムのかすやクリップを投げた行為が暴行であるとして警察に通報し、被害届を出した。また、この女子児童の親Cは、本件に関する公文書開示請求をしたところ、開示された担任教員Xが作成した報告書の内容が自らの意図するようには書かれていないことに激怒し、教育委員会に担任教員Xに対する懲戒処分を要求した。

第4章　学校側の裁量事項—施設管理、職員人事、生徒児童に対する指導方法等

> 論　点

1　消しゴムのかすやクリップを投げる行為が「暴行」に当たるか。
2　学級でいじめがあった場合における教員の法的義務。
3　保護者の要求に応じて懲戒権を行使しなければならない法的義務はあるか。

> 法的義務の有無

1　「暴行」に当たるか

　刑法208条に暴行罪が規定されているが、そこにいう「暴行」とは、人に対する不法な物理力の行使をいう。
　また、人の身体に対する不法な一切の攻撃方法を含み、性質上傷害の結果を惹起すべきものである必要はない[43]。例えば、塩を人に振り掛ける行為が「暴行」に当たるかについて、相手方において受忍すべきいわれはなく、不快嫌悪の情を催させるに足りるものだから「暴行」に当たるとしたものがある[44]。
　これらの裁判例を前提とすると、消しゴムのかすやクリップを投げる行為も暴行に当たると考えられる。

2　いじめがあった場合の教員の法的義務

　公立小学校の教員には、学校における教育活動及びこれに密接に関連する生活関係における児童の安全の確保に配慮すべき義務があり、特に、他の児童の行為により生徒の生命、身体、精神、財産等に大きな悪影響ないし危害が及ぶおそれが現にあるようなときには、そのような悪影響ないし危害の発生を未然に防止するため、その事態に応じた適切な措置を講ずる義務がある[45]。

---

[43] 大審院昭和8年4月15日判決・刑集12巻427頁。
[44] 福岡高裁昭和46年10月11日判決・刑裁月報3巻10号1311頁。
[45] 東京高裁平成6年5月20日判決・判時1495号42頁、判タ847号69頁。

担任教員がいじめを認識していた場合には、いじめを抑止する法的義
務を負うこととなる。
3　教員に対する懲戒権の行使について、事例7【法的義務の有無】の検
討を参照。

> 具体的対処法

1　暴行を行った生徒に対する対処

　教員は、本件行為を行った生徒に対し、当該行為を止めるように適切
な指導をすべきである。もっとも、「適切な指導」の具体的内容につい
ては、「暴行」の程度、被害児童と加害児童の関係性といったあらゆる
要素を総合的に考慮して検討する必要がある。本件においては、加害児
童に対する口頭の注意のほか、同種の行為が長期間に及んでいるような
場合であれば、加害児童の保護者に連絡し、保護者による適切な指導を
求めるといった対処法も考えられる。

2　教員が作成する報告書の記載内容

　教員が作成する報告書は、事態を中立の立場で記載するものである。
　したがって、教員は、保護者に対して報告書の性質を丁寧に説明する
必要があるが、それ以上に報告書の記載内容や表現について保護者の意
向に従う必要はない。

事例48　「教員を辞めます」という念書を無理やり書かせる保護者の行為

　教員が、女子生徒を泣かせた男子生徒の反省を促すため、男子生
徒を運動具倉庫に入れた。この対応については指導方法が不適切で
あったとして、同教員は文書訓告の処分を受けた。しかし、男子生
徒の親は、校長室において同教員と話をする機会を設けさせ、一方
的に罵倒した上で、同教員に対し「指導力がないので、教員を辞め
ます。」との念書を無理やり書かせ署名させた。同席していた校長
もこれを止めなかった。本件が原因で同教員は体調を崩し数年間の

第4章　学校側の裁量事項─施設管理、職員人事、生徒児童に対する指導方法等

> 休養を余儀なくされた。さらに男子生徒の親は、後日、上記の念書を自分の都合のいいように書き換えた上で、学校のコピー機でコピーして保護者に配布しようとした。

論点

1　保護者が教員に念書を無理やり書かせた行為が刑法223条の強要罪に当たるか。
2　保護者が、念書を自分の都合のいいように書き変えた上で、学校のコピー機でコピーして他の保護者に配布しようとした行為は、何らかの刑事責任が問われないか。
3　教員は念書の内容に従って辞職しなければならないか。

法的義務

1　強要罪に当たるか

　強要罪は生命、身体、自由、名誉もしくは財産に対し害を加える旨を告知して脅迫し、又は暴行を用いて、人に義務のないことを行わせた場合に成立する。
　教員が女子生徒を泣かせた男子生徒を運動具倉庫の中に入れたことが不適切であったとしても、教員が男子生徒の保護者から「指導力がないので教員を辞めます。」と口頭で述べることや、同内容の念書を書くことを要求されたとしても、教員はこれらに応じる法的義務はない。
　そして、「無理やり」というのが、男子生徒の保護者の脅迫又は暴行を用いた態様でなされていれば、保護者の行為は強要罪と評価されることになる。

2　念書を書き変えて他の保護者に配布しようとした行為について

　「指導力がないので教員を辞めます。」という念書の内容は、職員が教員としての能力がないことを意味し、教員の社会的地位を低下させるも

のである。そのような文書を他の保護者に配布する行為は、特定の人に対して配布するものであっても、その念書が転々として多数人がこれを知るに至るおそれがある。したがって、保護者が念書を他の保護者に配布した場合は名誉毀損罪（刑法230条）に当たり得る。

同保護者が、後日、上記の念書を自分の都合のいいように書き換えて配布する場合も同様である。

3　教員は辞職しなければならないか

無理やり作成させられた念書を作成したことをもって、教員の辞任の意思表示と評価することはできないと考えられる。仮に、辞任の意思表示であるとしても、その意思表示は強迫を理由とするものであるから、取り消すことができる（民法96条1項）。

具体的対処法

校長が、教員に保護者と話し合いをさせること自体は正当な職務命令であると考えられるが、保護者が教員との話し合いの中で、教員の辞職を要求し、教員の意思に反する形で念書を作成させようとした場合には、校長は、保護者の行為が強要罪に当たる可能性があること、そのような念書は無効であることを丁寧に説明し、これを制止するべきである。

保護者がこれに従わない場合には、校長室から退出してもらう等の措置を講じるべきであり、保護者の態様等から、強要罪に当たる可能性も考慮して警察等に通報することも考えられる。

校長室で罵倒するなど異常を察知した場合は、早急に弁護士に相談し、依頼を視野に入れつつ、毅然とした対応をとるべきであった。

④ 校則について

事例49　暴力団員の保護者から校則禁止事項を見逃すよう要求

　中学生の保護者である暴力団員から、電話で「迷惑をかけないから好きなようにさせてやってほしい。」と校則で禁止されている携帯電話の使用や服装について、見逃すように要求された。

論点

1　校則の内容とその拘束力。
2　校則違反を見逃すことを求める保護者の要望に応じる法的義務はあるか。
3　校則に違反した生徒に懲戒を加えることはできるか。

法的義務の有無

1　校則の内容と法的性格

　校則とは、生徒としての生活指針となる学習上、生活上心得るべき事項を定めたものである[46]。校則の法的性格について、最高裁において「国公立であると私立であるとを問わず、学生の教育と学術の研究を目的とする公共的な施設であり、法律に格別の規定がない場合でも、その設置目的を達成するために必要な事項を学則等により一方的に制定し、これによつて在学する学生を規律する包括的権能を有するものと解すべきである。」「もとより、学校当局の有する右の包括的権能は無制限なものではありえず、在学関係設定の目的と関連し、かつ、その内容が社会通念に照らして合理的と認められる範囲においてのみ是認されるものである」と判示されている[47]。

---

[46]　前掲注5・坂東＝羽成128頁。

[47]　最高裁昭和49年7月19日判決・民集28巻5号790頁。

2　校則の内容に基づく指導が違法になる場合

校則は、教育を目的として定められたものである場合には、その内容が著しく不合理でない限り、違法とはならない[48]。

校則違反に対する校長による指導も、同様に教育上の措置である以上、校長の専門的、技術的な判断に委ねられるべきであり、その内容が著しく不合理でない限り、校長の指導が違法になることはない。

本件でいえば、校則で携帯電話の使用を禁止したり、服装について規定しているのは、校内秩序の維持を図るために必要と考えられるものであり、その内容は合理的なものである。したがって、本件の保護者の要望に応じる法的義務はない。

3　校則に違反している生徒に対する懲戒

校則に違反している生徒に対し、校長及び教員は、教育上必要があると認めるときは、文部科学大臣の定めるところにより、懲戒を加えることができる（学校教育法11条）。もっとも、懲戒を加える場合には、児童等の心身の発達に応ずる等教育上必要な配慮をしなければならない（学校教育法施行規則26条）。

懲戒をするか否か及び懲戒の内容は、懲戒権者である校長の教育的見地からの自由裁量に任されているが、社会観念上著しく妥当性を欠いてはならない[49]。

…参考判例…
（熊本地裁昭和60年11月13日判決・判時1174号48頁）
「中学校長は、教育の実現のため、生徒を規律する校則を定める包

---

[48]　熊本地裁昭和60年11月13日判決・判時1174号48頁。
[49]　最高裁昭和29年7月30日判決・民集8巻7号1501頁。判例集24。当該判決は公立大学に関するものであるが、その射程は公立大学に限定されるものではないと考えられる。

第4章　学校側の裁量事項―施設管理、職員人事、生徒児童に対する指導方法等

> 括的な権能を有するが、教育は人格の完成をめざす（教育基本法第一条）ものであるから、右校則の中には、教科の学習に関するものだけでなく、生徒の服装等いわば生徒のしつけに関するものも含まれる。もつとも、中学校長の有する右権能は無制限なものではありえず、中学校における教育に関連し、かつ、その内容が社会通念に照らして合理的と認められる範囲においてのみ是認されるものであるが、具体的に生徒の服装等にいかなる程度、方法の規制を加えることが適切であるかは、それが教育上の措置に関するものであるだけに、必ずしも画一的に決することはできず、実際に教育を担当する者、最終的には中学校長の専門的、技術的な判断に委ねられるべきものである。従って、生徒の服装等について規律する校則が中学校における教育に関連して定められたもの、すなわち、教育を目的として定められたものである場合には、その内容が著しく不合理でない限り、右校則は違法とはならないというべきである。」
>
> **（最高裁昭和29年7月30日判決・民集8巻7号1501頁）**
> 学生の行為に対し、懲戒処分を発動するかどうか、懲戒処分のうちいずれの処分を選ぶかを決定することは、この点の判断が社会観念上著しく妥当を欠くものと認められる場合を除き、原則として、懲戒権者としての学長の裁量に任されているものと解するのが相当である。

具体的対処法

　学校は、どの児童・生徒に対しても、携帯電話の使用禁止、服装の規定といった校則を守るよう公平に指導すべきものである。

　保護者が暴力団員であるということでもって特別な対応が必要となるわけではない。しかし、学校が適切な対応をするためには、学校での児童、生徒への指導に対して、暴力団員の保護者がどのような行動をするかを予想し（例えば、暴行・脅迫といった手段への対応、教員の授業時間中における面会の強要、深夜の呼出し、「校長を出せ」と言ってくる、など）、それに対し学校・教

143

員がどのように対応するのかということをできる限り事前に検討しておくことが重要である。

仮に、暴行や脅迫・強要など刑事事件として被害届を提出する可能性がある場合には、暴力団員や保護者の言動を証拠化することが重要であるから、会話の録音、対応時のメモの作成、複数人での対応などを心がけるべきである。

> **事例50　過去に不登校歴があるとして、特別な対応を要求（携帯電話の所持）**
>
> 　保護者が、「前の学校では不登校だったので、安心材料として携帯電話を持たせてやってほしい。」、「不登校であるから特別に補習をして欲しい。」などと要求し、話し合うために学校へ来ると、午前2時、3時まで帰らないことがある。

論　点

1　不登校の生徒児童に対し、①携帯電話を持たせることを許諾したり、②特別に補習をしたりする法的義務があるか。

2　午前2時、3時という深夜まで、保護者との話し合いに対応する義務はあるか（教員の時間外労働の問題）。

法的義務の有無

1　携帯電話を学校に持ち込ませることを許諾する法的義務はあるか

　小中学校における携帯電話の持ち込みについて、「学校における携帯電話の取扱い等について（通知）」平成21年1月30日20文科初第1156号[50]は、原則として携帯電話を持ち込むことを禁止するという方針をとっている。

---

[50] 文部科学省のHP参照。
http://www.mext.go.jp/b_menu/hakusho/nc/1234695.htm

144

ただし、同通知は、携帯電話を緊急の連絡手段とせざるを得ない場合その他やむを得ない事情がある場合には、例外的に携帯電話の持ち込みを認めることがあり得る旨も示されている。また、事例49の【法的義務の有無】で検討したとおり、校則及びその遵守の指導については、社会通念に照らして合理的と認められる範囲内であれば、学校長の裁量の範囲内である。

したがって、当該生徒が携帯電話を持ち込むべきやむを得ない事情があり、かつ携帯電話を持ち込ませないという学校長の判断が裁量の範囲を逸脱・濫用しているという場合を除き、校則で禁止する携帯電話の所持・使用を認める法的義務はない。もっとも、同通知にいう「やむを得ない事情」の有無を判断する材料として、携帯電話の必要性を十分に生徒及び保護者から確認・聴取する必要がある。

なお、学校内での所持が必要ない場合であれば、登校時に携帯電話を預かり、下校時に返還する取扱いが参考となる（同通知参照）。

2　不登校の生徒に対して補習を行う法的義務はあるか

事例31、32【法的義務の有無】の検討を参照。義務教育課程においては、不登校への対応が必要となるものの、補習を行う法的義務があるとまではいえない。

3　教員の時間外労働については、事例35【法的義務の有無】の検討を参照。午前２時や３時まで保護者に対応する法的義務はない。

具体的対処法

1　携帯電話の持込み禁止等について、趣旨を説明し理解を求めるべきである。もっとも、携帯電話の持込みについて、文部科学省の通知にもあるとおり、いかなる事情で携帯電話の持込みを求めているかを十分に確認する必要がある。

2　保護者との話し合いが長時間になりそうな場合は、あらかじめ終了時間を指定し、終了時間になったら、時間が来たことを告げて終了させることを申し入れる。

3　話し合いは、可能な限り1時間以内にするように心がける。それ以上の時間になったら、話をまとめることを申し入れるなどして、長時間にならないようにする。

　目安として1時間を超える場合で、相手方の主張内容が十分に分かるときには、1時間30分を目安に打ち切る方に話を向けていく。

　同じ要求が繰り返される場合には、3回程度繰り返された後に打ち切る。打ち切るときの言葉として次のようなものがある。

　　「お話は、○○分から、○○分ほど十分承りました。先ほどからお話を繰り返しお伺いしております。本日はこれ以上ご説明が出来ませんので、検討の上、ご連絡申し上げますので、本日はお引き取り下さい。」

　　「これ以上お話頂いても、当方の考えは変わりませんのでお引き取り下さい。」

　　「当方の回答（説明）は先ほどから（○○回ほど）お話ししている通りです。」

　　「ご用件は○○ですね、承りました。これ以上○○様の貴重なお時間を割くのも忍びありませんし、私も他に用事もございますので、これでお引き取り頂けますでしょうか。」

　なお、長時間の対応が義務ではないことは、本章1の事例35のとおりである。

4　長時間居座る場合は、施設の管理者は施設管理権に基づき、退去を求めることができる。相手方がそれに応じない場合は不退去罪（刑法130条）になる。

5　話し合いの打ち切りと退去を求め、退去を求めている間は一切話し合いに応じない。

　話し合いに応じていると、民事不介入の原則を言って警察が介入しない場合があり得る。警察の「民事不介入の原則」とは、民事の話し合いに立ち入らないことであるから民事事件の「話し合い継続中」との外形を断ち切ってしまい、退去しないという事実のみを残せば、民事事件の介入ではなく不退去という刑事事件の問題となる。民事の言い分につい

て、いずれが正しいかの判定を警察に求めているのではなく、今現実に起きている不退去罪という犯罪への対応が警察の職務であると説明すれば、相手を帰らせてくれる。

事例51　学籍抹消等を求め、教育委員会へ苦情電話

　中学校の生徒の親から、教育委員会に対し、以下の内容の苦情電話があった。

　「子どもが教員から服装・頭髪違反などで指導を受けた。最初は、登校時に校門前で帰宅させられ、学校に入れてもらえなかった。その後、校門・別室まで入れてもらえるようになったが、学校の指導方針がころころ変わるのはおかしい。子どもの当該学校の学籍を抹消して、義務教育を受けなくてよいようにするべきだ。教員が悪いことをしていない子どもを監視しており、子どもの自由がない。学校は子どもに対して茶髪の髪の毛を黒色に染めるよう指導しているが、色染めの繰返しにより髪の毛が痛んでおり、染めることができない。子どもが黒彩スプレーなら受け入れると言っているので、学校にその旨伝えて、黒彩スプレーを自宅に持参してくれるよう頼んで欲しい。」

　論　点

1　学籍抹消をすることができるか。
2　保護者の要求に応じて、黒彩スプレーを自宅に持参する法的義務はあるか。

　法的義務の有無

1　学籍抹消ができるか

　学校教育法施行規則26条において、公立の小学校及び中学校では、退学処分をすることはできないと規定されている。そのため、学籍抹消をすることはできない。

また、教育委員会としても、保護者が就学義務を怠っていると認められるときは、保護者に対して生徒の出席を督促しなければならない（学校教育法施行令21条）。

2 校則一般の有効性

事例49の【法的義務の有無】の検討を参照。

服装・頭髪に関する校則はその内容が著しく不合理なものでない限り、違法となるものではない。したがって色毛染めを禁止するという校則も直ちに違法とはいえないであろう。

なお、この事案のように、生徒に髪の毛を黒く染めるよう求める行為自体は、著しく不合理ともいえない。しかし、慎重な配慮が求められる。

なお、当然のことながら親の要望に従って学校が黒彩スプレーを生徒の自宅に持参する法的義務はない。

具体的対処法

保護者からの苦情に対して傾聴に努めた上、要求には応じかねる旨丁寧に回答し、苦情及び回答の内容を学校側に伝達する。

学校としては、生徒、保護者の求めに応じるのではなく、校則に対する理解を求めることになろう。

保護者が納得しない場合には、早めに弁護士等に相談し、法律家の見解として保護者の説得を行うことも一つの方策である。

⑤ 部活動について

事例52　レギュラーを外された生徒の保護者が学校に深夜まで居座る

　中学校において、宿題を忘れたことを隠した生徒を、顧問の教員が、「普段の生活態度が悪い者がレギュラーになる資格はない。」との考えにより、部活動のレギュラーから外した。翌日、生徒の保護者が「レギュラーをはずされる理由はない。レギュラーに戻せ。」と言って学校を訪問してきて、要求が通るまで帰ろうとしない。

論点

　部活動における教員の裁量の範囲

法的義務の有無

1　部活動の法的性質

　学校における部活動は、中等教育（中学校・高校）では、学習指導要領[51]上、「課外活動」として位置付けられており、その設置が義務付けられているものではない[52]。
　そして、学校教育法37条11号では、「教諭は、児童の教育をつかさどる」（同法49条で中学校に準用、同法62条で高等学校に準用）と定められており、他の課外活動を含めて教育一般に教員の裁量が認められている。

2　部活動における教員の裁量の範囲

　この点につき、最高裁昭和51年5月21日判決・刑集30巻5号615頁では、「子どもの教育が教師と子どもとの間の直接の人格的接触を通じ、

---

[51] 中学校学習指導要領（平成24年4月～）、高等学校学習指導要領（平成23年4月～）実施。
[52] 小学校では、「特別活動」として、学習指導要領上設置が要求されている。

その個性に応じて行われなければならないという本質的要請に照らし、教授の具体的内容及び方法につきある程度自由な裁量が認められなければならないという意味においては、一定の範囲における教授の自由が保障されるべきことを肯定できないではない。……思うに、子どもの教育が、教師と子どもとの間の直接の人格的接触を通じ、子どもの個性に応じて弾力的に行われなければならず、そこに教師の自由な創意と工夫の余地が要請されることは原判決の説くとおりである」とされており、判例上も教員には、児童生徒にどのような教育を施すかについて、一定の裁量が認められている。

したがって、課外活動であるクラブ活動についても同じく教員の裁量が認められているものといえる。

3　中学校学習指導要領の規定

部活動における教員の裁量の考慮事項として、たとえば、文部科学省による中学校学習指導要領の「総則　第4の2の13項　部活動の意義と留意点等」の解説[53]では、以下のように定められている。

① スポーツや文化及び科学等に親しませ、学習意欲の向上や責任感、連帯感の涵養、互いに協力し合って友情を深めるといった好ましい人間関係の形成等に資するものであるとの意義
② 部活動は、教育課程において学習したことなども踏まえ、自らの適性や興味・関心等をより深く追求していく機会であることから、各教科の目標及び内容との関係にも配慮しつつ、生徒自身が教育課程において学習する内容について改めてその大切さを認識するよう促すなど、学校教育の一環として、教育課程との関連が図られるようにするとの留意点
③ 地域や学校の実態に応じ、スポーツや文化及び科学等にわたる指導者など地域の人々の協力、体育館や公民館などの社会教育施設や地域

53　文部科学省HP参照。
　　http://www.mext.go.jp/a_menu/shotou/new-cs/youryou/chukaisetsu/index.htm

のスポーツクラブといった社会教育関係団体等の各種団体との連携などの運営上の工夫を行うとの配慮事項

4　以上から、部活動におけるレギュラーの選考も、それが恣意によるものではなく、学習指導要領の規定に基づく正当な根拠に基づくものであれば、学校・教員の裁量の範囲内である。

普段の学習意欲をレギュラーの選考の考慮要素に入れることも、学校教育の一環である部活動の指導方法として正当であり、教員の裁量の範囲内である。

したがって、保護者の要求を受け入れる法的義務はない。

具体的対処法

保護者との信頼関係を維持するという観点からすると、現場の教員は、保護者に対し、レギュラーを合理的な理由により選考したことを説明することになろう。学校教育の一環としてのクラブ活動においては、単なる技術の向上のみを図るのではなく、生徒の人格向上も含めた教育的配慮も求められる。本件においては、生徒の生活態度の改善を求めるがための教育的配慮から、「普段の生活態度が悪い者がレギュラーになる資格はない」とその改善反省を求めてレギュラーから外したのであるから、このような教育的配慮は、教員としての裁量の範囲内の指導であることを説明する。

また、本件の保護者は自身の要求が通るまで帰ろうとしていないが、保護者が不相当に長時間居座ることが予想される場合には、最初に対応できる時間を提示し、提示した時間がくれば打ち切る旨を明確に告げておくことが望ましい。

執拗な要求が続く場合は、弁護士への相談が必要となる場合もあろう。

事例53　部活動廃止の撤回を要求

中学校で、とある部活動が廃止になった。すると、中学校生徒の母親から、部活動の廃部について教育委員会に対して苦情の電話があった。「部活動の廃部により、子どもが落ち込んで、意欲のない学生生活を送ることになったらどうしてくれるのか。廃部により、

別のクラブチームに通わせる途中に事故にでもあったらどうしてくれるのか。部活動がなくなり、内申書にも響き、高校受験に不利になったら学校の責任である。」との内容であった。

教育委員会担当者は、学校が廃部を一方的に取り決めたのではなく、手順を踏んできたことであると理解していたことから、教育委員会としては、生徒の母親に対し、学校の決定を尊重するしかないと説明した。また、当該学校の部活動の廃部について、議員やスポーツ関係の協会からも教育委員会に対して廃部について苦情の申入れがあった。

教育委員会担当者が当該学校に確認をとると、学校には苦情はきていないが、顧問の教員と生徒の母親で話し合いをしているとのことであった。

論点

学校に部を設置・存続させる法的義務の有無

法的義務の有無

事例52の【法的義務の有無】の検討を参照。

学校における部活動は、その設置・存続が義務づけられているものではないことから、部を存続させる法的義務はない。

具体的対処法

学校側は、従前特定の部活動を指導していた顧問の教員が異動するなどして顧問が確保できない場合があり得る。

しかし、外部から顧問を招いたり、他の学校と合同で部活動ができないか検討した上で、廃部もやむを得ないという結論に至ったのであれば、その旨保護者も含めて話し合い、理解を求めることになろう。

事例54　部活動と学業の両立ができないとして教育委員会へ苦情電話

　中学の生徒の母親が教育委員会に対して、「息子が部活に入部したものの、練習が厳しく勉強がしっかり出来ない状況になった。中学生が一番大切にしなければならないのは勉強であり、部活動が熱心すぎるのも困る。また、テスト前の部活休み期間が３日しかないのは、他市他府県と比較して不公平である。そして、テスト勉強のためにテスト前に部活を休んだら、周囲の友人にいじめられた」との苦情の電話があった。
　教育委員会担当者は、学校名・本人の名前について申し出がなかったことから、話をしっかりと聞くことに努めた。母親に対しては、学校（顧問・担任教員）に相談するよう勧めた。

論　点

部活動における教員の裁量はどこまで認められるか。

法的義務の有無

　事例52の【法的義務の有無】の検討を参照。
　部活動の内容については、教員に一定の裁量が認められるが、あくまで課外活動の一環として行われるものである。したがって、他の教育上の配慮を欠くなど著しく不当な場合には、教員の裁量の範囲を超えて違法となる場合があり得る。もっとも、この事案の事実関係で問題となり得るのは、テスト前の部活休み期間が３日であるという部分であるが、これだけでは特段教育上の配慮を欠くとはいえず、違法ではない。

具体的対処法

　本件では、保護者が学校に対して具体的な対応を求めているわけではないことから、教育委員会担当者の対応・処理結果は妥当と考える。
　なお、保護者が学校に対して何度も苦情を述べるということであれば、当該生徒が部活動を続けるかどうかについて、話し合いをすることになろう。

事例55　部活顧問の暴行、暴言を理由とする顧問の変更要求

公立の中学校の生徒の親が、「わたしの子どもが部活動中に、部の顧問の教員から暴行を受け、暴言を吐かれ、練習試合の後に土下座をさせられた。部の顧問を変えろ。」と要求した。

論　点

保護者の要求に応じて部の顧問を変更しなければならない法的義務があるか。

法的義務の有無

1　部の顧問を変更する法的義務はあるか

事例52の【法的義務の有無】の検討を参照。

中等教育における部活動は課外活動であるが、学校の教育活動の一環として行われる。どのような部活動を設置するか、またその顧問をどの教員にするかは、学校長の裁量の範囲内に属し、保護者の申入れに応じて顧問を変更する法的義務は原則としてない。

2　部の顧問の不法行為の法的責任

もっとも、公立学校の部活動の顧問の教員が部活動の指導の中で暴行等を行いそれが違法行為と認定されれば、「職務を行うについて」（国家賠償法1条1項）生徒に損害を加えたとして地方公共団体が損害賠償責任を負うことになる。

なお、部活動の顧問の暴行行為が「職務を行うについて」なされたものであるとして、県が国家賠償責任を負った事例として、前橋地裁平成24年2月17日判決（判時2192号86頁）がある。

具体的対処法

学校側としては、仮に教員による暴行等があったと認められる場合に

は、生徒の身体の安全にかかわる重大な問題であることから、顧問の教員の変更を含めた対応が必要となる。

そこで、まずは教員や部員からのヒアリング等、必要な事実の調査を実施するべきであろう。

事例56　生徒の部活用具が壊れたとして、学校側に弁償を要求

> ある生徒の親は、学校との関係がうまくいっていなかった。その生徒は、球技の部活動に入部し、親から部活動のための用具を買ってもらった。生徒がその用具を学校に持っていったところ、部活動の顧問の教員がその用具を手に持ち、その感触を確かめた後、買ってもらったことを生徒に祝福した上で、その用具を生徒に返した。
>
> 生徒の親は、学校に対し、「教員が用具を手にしたことで、用具の一部が壊れた。弁償しろ。」と言ってきた。実際には用具が壊れたわけではなかったが、親は弁償しろの一点張りで、話にならなかった。
>
> 結局、学校の対応としては、弁償して収めるしかないが、教員一人に負担させるわけにはいかないということになり、校長が教員にカンパを募ることにした。校長がカンパで集まった数千円を教員に渡し、壊れたと主張する親から用具の値段を聞いて対応するように指示した。
>
> その用具は数千円程度の安いものであり、学校側は弁償した。しかし、元々生徒が親に買ってもらっていた用具は生徒がそのまま使用していたままであった。もっとも、これによりこの件に関する親の苦情は収まった。

論点

1　部活動時の教員に不法行為責任はあるか。
2　学校が保護者に弁償する法的義務はあるか。

法的義務の有無

1 部活動時における教員の不法行為

　この事案では、教員が生徒の用具を毀損したかどうかが問題となっているので、部活動時における教員の不法行為責任（民法709条）が問題となる。部活動は課外活動であっても、学校の教育活動の一環として行われる。

　したがって、教員個人に不法行為責任が成立する場合、公立学校であれば地方公共団体に対して国家賠償請求がされることとなり（国家賠償法1条）、私立学校であれば学校に対して使用者責任及び教員個人に対して不法行為責任が追及されることになる（民法709条、715条）。

2 この事案で教員に不法行為が成立するか

　本件における事実関係では、教員は生徒の用具を手にしただけであり、教員の行為には違法性がないものと考えられる。また、そもそも用具が壊れていないということであれば損害も発生していないので、不法行為は成立しない。

　したがって、教員に不法行為は成立しない。

3 学校が保護者に弁償する法的義務はあるか

　本件では、教員に不法行為が成立しない以上、教員も学校も保護者に弁償する法的義務はない。

　なお、仮に教員に不法行為責任が成立する場合であっても、公立学校であれば地方公共団体が国家賠償責任を負うにとどまり、教員や学校自体は保護者に弁償する法的義務はない。

具体的対処法

1 本件のように明らかに教員に落ち度がないにもかかわらず、学校に弁償を求めることは不当要求に該当する。

したがって、学校としては、弁償する法的義務はないため、毅然として保護者の要求に応じられない旨説明すべきである。

2　本件では、最終的に校長が教員に弁償を指示し、それで事態が終息したとのことであるが、保護者の我が儘、横暴に屈した結果、今後同様の事態が生じた際には、また同じように金銭の要求をされたり、あるいはさらなる不条理な要求をされたりする可能性は否定できない。したがって、このような不当要求には絶対に応じてはいけない。

事例57　予選会2位の児童の保護者から、1位の児童に負けたのは、教員の応援にえこひいきがあったことが原因とのクレーム

　小学校の部活動における競技大会の校内での予選会において、一番記録がよく大会への出場が確実視されていた子に対し、その子の担任の教員が「頑張れ」と声をかけたが、同教員は、その子以外の子には声をかけなかった。そして、予選会ではその子が1位となった。

　その後、2位になった児童の親が、「1位の子をひいきした。声をかけられなかったので、わたしの子は負けた。」と学校に文句を言ってきた。しかし、これまでの記録を見ると、1位の子と2位の子の実力の差は明らかであったが、この親は、「あんな奴が担任しているのはおかしい」「記録会をやり直せ」「絶対に許さない」と言ってきた。学校としては、1位の子にも、教員にも、何らの非がないため、対応に苦慮することになった。

　さらには、この親は、1位になった子の親に食ってかかり、1位の子の親がすっかり萎縮してしまい、学校に相談に来て泣き崩れるような状態になった。ついには、1位の子の親が、自分の子に対して、出場を辞退するように求め、1位の子も渋々応じた。

論　点

部活動における指導についての教員の裁量の範囲について

法的義務の有無

事例52の【法的義務の有無】の検討を参照。教員は、部活動における指導について一定の裁量がある。

1　2位になった児童の保護者との関係

　本件の事実関係では、教員に特定の児童を不合理に優遇したというような事情は見当たらない。担任をしている子に声をかけたことは教員の裁量の範囲内といえる。これに対して、2位になった児童の保護者の要求は不当要求である。
　したがって、2位の児童の保護者の要求に応じる法的義務はない。

2　1位になった児童の保護者との関係

　本件では、むしろ、本来なら出場できていたはずの1位の児童が、やむを得ず大会への辞退を余儀なくされたものである。仮に1位になった児童やその保護者に対して、学校からも辞退を促すよう働きかけていたような事情があれば、1位になった児童の保護者から学校に対して責任を追及された場合に、教員の裁量の範囲を超えたものとして法的責任が生じる可能性がある。

具体的対処法

1　学校としては、2位になった児童の保護者の不当要求に安易に応じることなく、その措置が合理的で客観的に教員の裁量の範囲内といえるかどうかという点に留意すべきである。
2　不当要求に対しては、毅然と排除すべきである。仮に、不当要求を行っている保護者が、「勝った子の保護者と話をさせろ」と要求したとしても、面談に応じさせる義務はなく、また、面談させるべきでもない。学校側としては、この点についても断固拒否すべきである。
3　本事案は、不当要求のために、予選会の結果が不当に曲げられてしまう結果となっており、児童たちへの教育的な悪影響は甚大である。この

ような結果を招かないためにも、必要に応じて弁護士に相談したうえ、毅然とした対応をすべきであった。

6　その他学校の裁量事項について

事例58　授業見学を申し出た保護者が授業を妨害

　生徒の保護者が学校に対し、自分の子どもが心配であるため授業中の教室を見学したいと申し出た。学校がこれを了承したところ、この親は、授業中であるにもかかわらず口出しをし、授業が妨害された。

論 点

1　学習指導の具体的方法や学校生活に関する指導等の具体的方法について、保護者の要望に対応すべき法的義務はあるか。
2　保護者による授業見学を了承しなければならないか。

法的義務の有無

1　学習指導等における教員の裁量

　学校、教員には、学校教育を実施するに当たって、学習指導や生徒指導・生活指導などを具体的にどのように実施するかという方法について一定の裁量が認められる。したがって、学校が行う学習指導等の方法が著しく不合理であることが明白といえるような例外的な場合以外は、裁量の範囲内として学習指導等を変更する法的義務を負わない。すなわち、学習指導等の方法に関する保護者の要望、意見に従わなければならない法的義務はない。

2　保護者に授業見学をさせる行為

　この事案のように、保護者に授業を見学させる行為は、授業を含む学校教育をどのように実施するかという方法に関するものであり、学校、教員の裁量によって決定すべき事項である。この点、学校教育法上、学校は、学校の教育活動や学校運営の状況に関する情報を保護者らに積極

的に提供するものとされているが（学校教育法43条）、他方、学校は、「義務教育として行われる普通教育は、各個人の有する能力を伸ばしつつ社会において自立的に生きる基礎を培い、また、国家及び社会の形成者として必要とされる基本的な資質を養う」という目的（教育基本法5条2項）を実現するため（学校教育法21条参照）、学校教育を円滑に実施すべき責務も負っている。そのため、情報提供の方法については学校に相応の裁量があると考えるべきである。

したがって、学校が、保護者の授業見学を了承すべきか否かについて、授業見学の必要性や授業実施の妨げとならないかといった事情を総合的に考慮して、その裁量において判断すべきである。それゆえ、保護者から授業見学の申入れがあった場合、学校がこれを了承すべき法的義務はない。

具体的対処法

保護者から授業見学の申込みがあり、これを無条件に了承して特定の保護者のみに授業を公開した場合、生徒に不必要な違和感を抱かせることになり、学校教育が円滑に実施されないことになり得る。学校は、授業参観の日を設けているのであるから、保護者に対し、授業の見学は授業参観の日のみであることを説明すべきである。

仮に、授業の見学を了承する場合は、あらかじめ保護者に対し遵守事項を説明し、それを守れない場合は退出してもらうことがあり得ることなどを説明すべきであろう。場合によっては、誓約書の提出を求めることも有効な手段となり得る。

事例59　学習指導方法等の不満を教育委員会へ申入れ

中学校の生徒の母親から教育委員会に対して、以下の内容の苦情の電話があった。
① 中学校における問題集を使った学習の方法につき納得がいかない。担任の教員に相談したが回答方法・内容いずれも納得できない。
② 置き勉（学校に置いて帰ってよいもの）について学校が基準を設

けることが納得出来ない。持って帰らないといけないものが多すぎて、子どもに負担がかかっている。個人の判断に任せることはできないのか。この点についても担任教員に相談したが、回答方法・内容いずれも納得できない。

これに対し、教育委員会担当者は下記の通り対応した。

①については、母親が、担任教員の説明に整合性がないこと、及び担任教員の言い方に不満を持っていると考えられたことから、担任の教員以外の教員・教頭等に相談することを助言した。②については、一定の基準を設けて学習規律を身につけさせるという生徒全員のことを考えての措置でもあることを伝えた上、荷物の重さという子どもの負担については個人差があることから、再度担任教員に相談することを勧めた。

なお、母親が学校名を明かさなかったことから、個別に学校へ相談するよう勧めるとともに、何かあれば教育委員会へ再度連絡をしてもらうよう伝えたところ、何度も教育委員会に連絡がくるようになった。

論 点

学習指導の具体的方法や学校生活に関する指導等の具体的方法について、保護者の要望に対応すべき法的義務の有無

法的義務の有無

事例58の【法的義務の有無】を参照。

学校が行う学習指導等の方法が著しく不合理であることが明白といえるような例外的な場合以外は、学校は裁量の範囲内として学習指導等を変更する法的義務を負わない。

①の問題集の使用は学校教育を実現するための学習指導の方法の問題であり、②の置き勉の取扱いは学校教育を実現するための生徒指導の方法の問題である。この事案は①、②のいずれについても学校の指導、判断は著

しく不合理とはいえず、教員の裁量の範囲内である。したがって、これらの保護者の要望に応じる法的義務はない。

具体的対処法

学習指導の内容をどのように実施するかは学校に裁量が認められている事項であるが、一方で保護者からの要望・不満が出やすいところもある。そのため、双方の意見をすりあわせていけるような助言がなされた点につき、担当者の対応・処理結果は適切であったと考えられる。

保護者からの執拗な要望が続く場合は、十分な説明をしたうえで話し合いを打ち切る等の毅然とした対応が必要となる事案もあろう。

事例60　成績表の書き換えを要求

生徒の親から、生徒の成績表の記載をよい内容にするよう変更を要求された。

論　点

生徒の成績表の記載を変更する要求に応じる法的義務はあるか。

法的義務の有無

通知表など学校の成績表は、保護者に対して子どもの学習指導の状況を連絡し、家庭の理解や協力を求める目的で作成しているもので、この作成自体について法的な根拠はない。作成、様式、内容等はすべて校長の裁量である（自治体によっては校長会等で様式の参考例を作成している場合もある）[54]。

そのため、成績表の記載内容について学校は広範な裁量を有しており、そこにいかなる記載をすべきかについて、学校が何らかの法的義務を負うことはおよそ考えにくい。したがって、学校は保護者の要求に応じる法的義務はない。

---

[54] 文部科学省のHP参照。
http://www.mext.go.jp/b_menu/shingi/chukyo/chukyo3/siryo/07070908/004/001.htm

なお、成績表の記載内容の前提となる事実やその評価にかかわらず、単に成績をよい内容にするようにとの要望は、単なる意見の範囲を超えており、内容的に不当な要求であり、要求に応じる法的義務はない。

具体的対処法

内容的に不当な要求であり、生徒の成績表の記載を変更する要求には応じず、拒絶すべきである。

事例61　苦情の多い保護者から「毎日体操を行うべき」との要求

> 小学校の児童の父親から、教育委員会に対して、「児童の肥満対策や体力向上等のため、毎日体操を行うべきだ。最近の児童は肥満体が多く、運動不足である。毎日体操をするべきであり、校長にも電話したが、校長が全く聞く耳を持たない。」との苦情の電話があった。
>
> 教育委員会担当者は、父親に対して「学校長に対して要望があったことを伝えるが、その後、返答が必要か。」と確認したところ、保護者は「返答は不要である。」と回答した。
>
> 教育委員会担当者が校長に確認したところ、「確かに児童の父親から電話があったが、『趣旨は理解したが、授業時間の確保などの問題もあり、今すぐは導入できない』と返答している。」とのことであった。
>
> なお、その児童の父親は学校に対して苦情・要望が多いとのことであった。

論点

小学校の児童に毎日体操を行わせる法的義務はあるか。

法的義務の有無

事例58の【法的義務の有無】を参照。学校が行う学習指導等の方法が著しく不合理であることが明白といえるような例外的な場合以外は、裁量の

範囲内として学習指導等を変更する法的義務を負わない。

　この事案は、小学校の児童に毎日体操を行わせるかどうかは生活指導に関する問題である。現状では体操を毎日実施しない（できない）という校長の判断は著しく不合理とはいえず、学校の裁量の範囲内である。したがって、保護者の苦情、要望に応じる法的義務はない。

　なお、この事案の保護者は苦情、要望が多いとのことであるが、これだけを理由に不当要求であると判断するべきではない。あくまで、当該事案において、要求内容が不当であり、要求の態様が悪質ということをもって判断すべきである。この事案では要求内容が不当とまではいえないし、また、要求の態様としても執拗に同様の要求を繰り返すといった事情もないことから、少なくとも現時点においては、不当要求には該当しないと判断されることになろう。

具体的対処法

　学校や教育委員会の対応、回答内容に問題はないと考える。
　仮に、学校に対して執拗に要求するような場合には、十分な説明をしたうえ、話合いを打ち切る等の毅然とした対応が必要となろう。

事例62　衣替え時の夏服着用を指導しない不公平な取扱い

　中学校3年生の生徒の母親から、「衣替えの季節、暑かった週について他の学年は夏服でもよいという指導をしていたのに、3年生にはそのような指導がなく不公平である。その他の面でも、子どもが暑さで参っているのに、学校は暑さ対策をしてくれない。3年生にはたしかにやんちゃな生徒もいるが、学年間で不公平な取扱いをしないでもらいたい。」との苦情の電話が教育委員会に対してあった。
　教育委員会担当者は、母親の話を聞いたうえで、学年間の取扱いの不公平が主な訴えであると確認した上で、学校に伝えるということで話を終えた。
　実際に学校に確認をしたところ、制服の衣替えについては全校統一して対応しているとのことであり、念のため電話の内容と異なる

165

> 点について、再度の確認を依頼した。

論点

制服の取扱等について保護者の要求に応じる法的義務はあるか。

法的義務の有無

事例58の【法的義務の有無】を参照。学校が行う学習指導等の方法が著しく不合理であることが明白といえるような例外的な場合以外は、裁量の範囲内として学習指導等を変更する法的義務を負わない。

制服の取扱い等は学校生活に関する指導（生徒指導）に属する問題である。この事案では、校長は全校統一して対応しているとのことであり、学年に対する不公平な取扱いをしていなかった。したがって、保護者の要求に応じる法的義務はない。

具体的対処法

母親の意見を汲み取った上で学校への連絡を行っており、担当者の対応・処理結果は妥当と考える。今後も、保護者から事実に基づかない要求が執拗に繰り返されるようであれば、話合いを打ち切る等の方法が必要となろう。

事例63　生徒本人からの授業時間数変更の要求

> 中学校の生徒本人から教育委員会に対して、いつもは5時限までの曜日について、今週だけ6時限でありおかしいとの苦情の電話があった。
> 教育委員会担当者は、本人の要望をしっかりと聞くことに努めた上で、授業時間数の確保などの問題もあり、生徒の体力や意欲面も考慮して休憩時間の設定などもしているので、理解してほしいと伝えたところ、「よく分かった」と述べた。担当者名を伝えているが、その後連絡はない。

> 　学校長に事実確認をしたところ、確かに当該日時は6時限まであったとのことであった。学校長によると今後も生徒の体力等を考えた上で、指導に当たるとのことであったので、教育委員会担当者は生徒が疲れていることもあり得るので、生徒の様子にも注意してほしいと伝えた。

論点

授業時間数の設定について本人の要望に応じる法的義務はあるか。

法的義務の有無

　事例58の【法的義務の有無】を参照。学校が行う学習指導等の方法が著しく不合理であることが明白といえるような例外的な場合以外は、裁量の範囲内として学習指導等を変更する法的義務を負わない。
　国は学習指導要領に標準時間時数を規定しているが、規定しているのは授業時数についてのみであり、必要な授業時数をどのようにして実施するかは学校側の裁量に委ねられている。この事案の授業実施状況は合理性があることから、本人の要望、苦情に応じる法的義務はない。

具体的対処法

　具体的に対応を求めるわけでもないので、特段対応する必要がない事案と思われ、担当者の対応・処理結果は妥当と考える。

第5章　学校外の第三者からの不当要求

① 授業や部活動等の学校の監督下にある状況における生徒児童の行為、学校の施設について

事例64　学校から発生する音がうるさいとのクレーム

> 学校の近隣住民から、学校に対して、「吹奏楽部の練習の音がうるさい。」「体育大会などのスピーカー音がうるさい。」との苦情が執拗に寄せられ、学校としても一定の対策を講じているものの、近隣住民は「クラブ活動や体育大会などの活動を中止しろ。」と言っている。

論点

周囲の住戸に対する防音の対策を実施すべき義務はあるか。

法的義務の有無

一般論として、学校といえども近隣住民の受忍限度を超える騒音等を出してはならない義務があるといえ、騒音が受忍限度を超えないよう防音対策を実施する義務がある。

この点、学校の設備的騒音については、下記のような裁判例がある。ただし、下記裁判例は、教育機関である特殊性から近隣住民が一定の騒音を受容すべきであるという視点からの判断は示していない。理由は、①騒音規制法が適用される事例であること、②エアコン室外機の機械的騒音（設備的騒音）であって、クラブ活動等、「教育活動に関連する騒音」ではないことからと思われる。

クラブ活動や体育大会で発生する教育活動およびこれに付随する活動そのものから発生する騒音と設備的騒音とについては同一には論じられない。教育活動と関係のない設備的騒音については、「教育機関としての学校」という特殊性が働かないのは当然だからである。

具体的に、クラブ活動等の騒音が受忍限度を超えるか否かの判断に当たっては、①学校周辺においては、運動場での運動、音楽等、教育活動に伴う一定程度の騒音の発生が不可避であって、そのことが社会的に認知されており周辺住民も一般的に許容していると考えられること、②吹奏楽、あるいは運動等による音は教育活動から直接生じるものであること、③機械音に比して運動等における声、音楽等は、一般的に不快感が少なく、かつ社会的に許容されやすいこと、④活動を行う時間や場所の制限等の騒音低減措置が講じられているか等の要素が考慮されることとなろう。

…参考判例…

(京都地裁平成20年9月18日判決（裁判所ウェブサイト))

学校のエアコン室外機が発する騒音が受忍限度を超えているとして、隣地住民である原告らが学校の設置者を被告として室外機の撤去を求めたところ、「原告らが居住する居宅敷地内に、50デシベルを超えて到達させてはならない。」という限度で請求の一部が認容された。

また、学校は、騒音規制法による特定工場等に該当するところが、同法による規制基準を超える騒音を隣地に到達させたことにより隣地住民に対する不法行為が成立するとした。

原告らの損害賠償請求の可否についての判示は、以下のとおりである。

「上記のように、現在においても、原告方敷地に規制基準を超える騒音が到達している時間帯が相当程度あるところ、この状態は、平成7年に本件各室外機を設置した当時から継続しているものと推認するのが相当であり、これは、受忍限度を超えるものというべきである。

しかしながら、被告は、平成12年6月まで、4度にわたり、合計約950万円の費用をかけて騒音レベルを下げるための対策をとったのであるから、当時の被告に、故意過失があると認めることはできない。

もっとも、第4回工事が完了した後になされた第2回測定において、向日市は、なお、原告方居宅敷地に到達している騒音は規制基準を超過していると判断しており、その測定結果及び向日市の判断が被

> 告に伝達されなかったとは考えられないが、被告は、これに対して新たな対策をとらなかった。そうすると、第2回測定が行われた翌月である平成16年10月以降、今日まで、被告が何らの対策をとることなく、原告方敷地に規制基準を超える騒音を到達させたことについては、被告に故意又は過失が認められ、これを不法行為と評価するべきである。
>
> そして、これによって原告らが被った損害は、既に認定した原告らの精神的苦痛の内容、程度、その他本件で現れた一切の事情を考慮して、原告らそれぞれについて各10万円と評価するのが相当である。」

具体的対処法

上記裁判例は、学校教育活動から直接生じる音ではなく、通常の建築物に設置される設備機器関係による騒音であったことから、教育の一環あるいは学校運営のためにという特殊性に特に配慮した形跡はない。この点、学校といえども、直接教育活動上生じる不可避な音とは無関係な「設備機器関係」による騒音を受忍限度を超えて出し続けることが許されないことは当然だからである。

受忍限度を超えた騒音に対しては、差止めあるいは損害賠償請求をされ、また、実際に敗訴するリスクも存在する。

ただし、判示によれば、受忍限度を超えた騒音は平成7年からあったものの、平成12年までは費用をかけて対策をとっていたことから学校設置者の故意過失を否定して、その限度での不法行為の成立は否定されている。

学校設置者は、受忍限度を超えた音量を出さぬよう、設備の設置・改良や音を出す時間・場所等について具体的な対策をする必要があるとともに、近隣住民の理解を求めるよう努める必要があり、部活動のように日常的に騒音が生じるおそれのある活動については、特に配慮が必要となる。

学校の教育活動に起因して不可避的に生じる騒音については、前述のごとく、設備的騒音と異なる観点から論じられるべきであるが、体育祭等の非日常的なイベントの際には、近隣住民に事前に開催日時等を周知して近

隣住民の理解を求めるべきである。

　近隣住民も受忍限度の範囲では学校側がクラブ活動や体育祭等の活動を行うことを受忍すべきことは当然であり、これらを一切やめるように要求する行為は行き過ぎであり、学校側は不当要求として毅然と対応してよいと思われる。

　不当要求か否かの判断に迷う場合には、直ちに弁護士に相談して対処の方法を決めるのが好ましいと思われる。

事例65　通行人が接触事故で治療費の支払いを要求

> 　高校の校舎の周りを部員全員でランニング中に、ある部員と通行人の肩がぶつかった。両者とも転倒する程の接触ではなく、通行人が怪我をしている様子もなかった。通行人もその時は怪我をしたとの話もしておらず、マネージャーに学校名とクラブ名を聞いたのみであった。
>
> 　ところが、その後、通行人から高校に対して苦情があった。その翌日に診断書を提示され、治療費等の支払いを請求してきた。通行人の請求金額には、1週間仕事ができなかったとして休業補償も含まれていた。通行人は左官と聞いているが、休業補償を要求している週は雨天が続いており、怪我の有無に関係なく仕事がなかったといえる事案である。

論点

　クラブ活動により第三者に損害が生じたと思われる場合に、学校関係者が責任を負うのはどのような場合か。

法的義務の有無

　本件においては、高校のクラブ活動中に、部員全員でランニングをしている際に生じた事故である。高等学校の生徒はほぼ成人に近い判断能力をもつまでに心身が発達し、責任能力を備えていること、かつ、自己の行為について自主的な判断で責任をもって行動すると期待し得るから、逐一生

徒の行動と結果について監督する義務まではなく、他人の生命身体に対し危険を生じさせるような事態が客観的に予想される場合に、例外的に注意義務が生じ得る（下記大阪地裁判決）。本件では、部員同士でランニングのタイムを競うような練習ではなく、通行人と衝突する危険性は客観的に高いものとはいえないことから、下記裁判例を前提とした場合予見可能性が否定され、学校側の責任は認められないものと思われる。

　なお、小中学校の生徒の場合、その判断能力が高校生に比して劣ることから、本件と同様の事例であっても、危険の発生が予測し得る場合には学校側の注意義務が生じる可能性があることには注意が必要である。

　また、本件のような事例においても、学校周辺で同種の事故が多発しており、学校側が危険を予想できたとして注意義務が認められることがあるが、賠償義務は相当因果関係のある損害に限られるため、休業補償を行う必要があるかについては争い得る余地がある。

…参考判例…

（大阪地裁昭和55年7月11日判決・判タ423号114頁）

「公立学校の校長ないし教員は、クラブ活動に関しても生徒を指揮監督する義務があると解されるが、その義務の内容は、高等学校の生徒が満16歳ないし18歳に達しほぼ成人に近い判断能力を持つまでに心身が発達している年齢に属し、自己の行為の結果何らかの法的責任が生じることを認識しうる能力即ち責任能力を備えており、かつ、自己の行為について自主的な判断で責任を以て行動するものと期待しうるから、生徒を指揮監督する教職員としても、右生徒の自主的な判断と行動を尊重しつつ、健全な常識ある一般成人に育成させる為の助言、協力、監護、指導することは当然の義務であるが、逐一生徒の行動と結果について監督する義務まではなく、唯生徒が右のような通常の自主的な判断と行動をしていてもその過程で他人の生命身体に対し危険を生じさせるような事態が客観的に予測される場合に、右事故の発生を未然に防止すべく事前に注意指示を与えれば足りると解するのが相

当である。」

「高校職員が本件ランニングにつき、同校野球部員に対し、通行人に衝突しないよう注意を与えなかったことは当事者間に争いのないところであるが、既に認定したように、〔中略〕本件ランニングにより同校野球部員が通行人に衝突する危険性が客観的に高いものとはいえないのであるから、同校職員がランニングにつき、同校野球部員の自主的な判断と責任に委ね、何ら注意を与えなかったことをもって、同校職員に指導監督義務違反があったものということはできない。」

具体的対処法

　学校側が法的責任を負う可能性が低い上、そもそも衝突の際に怪我をしている様子がなかったこと、ランニングの速度を考慮すると怪我をする可能性がほとんどなかったことから、相手方の要求に正当な理由があるか疑わしく、相手方の要求に応じる必要はないものと思われる。また、実際に休業損害が発生しているのかについても疑わしいと言わざるを得ない。

　本件では、相手方の要求を明確に拒否し、毅然とした対応を示すべきであると考えられ、執拗に要求が続くようであれば、弁護士に依頼のうえ、債務不存在確認等の法的手段を採るべきことも考えてよいと思われる。

事例66　校庭周囲の擁壁設置は危険性が高いと苦情

　中学校校庭の一部に擁壁が設置されているところ、「学校に隣接して川が流れており、地盤が液状化した際には、擁壁が倒れ、危険であるため、そのような事態が起きても倒れないようにしろ。」として近隣住民から苦情が来ている。当該近隣住民は専門的言葉を用いて苦情を述べ、液状化が生じても倒れないことの科学的な証明を求めており、学校側からの説明には納得しない。議員にも陳情し、議会において質問として採りあげてもらうなどの活動に及んでいる。

　住民への説明を継続しているが、納得を得られていない。

論 点

学校の設備の設置管理について、どの程度まで安全対策を講じる義務があるか。

法的義務の有無

公立学校の擁壁が倒壊して第三者に損害が生じた場合の賠償義務については、国家賠償法2条の責任の有無が問題となるところ、「営造物の設置又は管理の瑕疵」とは、営造物が通常有すべき安全性を欠いていることをいい[55]、当該営造物が通常有すべき安全性を欠いているか否かは、当該営造物の構造、用法、場所的環境及び利用状況等諸般の事情を総合考慮して具体的個別的に判断されることとなる[56]。

また、災害の発生により安全性が欠如するに至った場合については、「災害の発生の事前予測が可能」であり、「管理者として危険波及防止に必要な措置を講じえたにもかかわらずこれがなされなかった」場合には、必要な措置を講じなかったという不作為をもって管理上の瑕疵があったとされる[57]。

上記を前提とすれば、近隣住民からの要求は擁壁が倒壊する危険を回避するためのものであるが、具体的な危険性の疎明がない場合には、不当要求事案であるとも考えられる。

逆に学校側としては、具体的な危険が存在する場合には、安全対策を講じる義務がある。

なお、私立学校の場合には、民法717条の責任の問題となる。

具体的対処法

液状化現象が予見可能であるかどうか、予見可能な場合に講じ得る必要

---

[55] 最高裁昭和45年8月20日判決・民集24巻9号1268頁。
[56] 最高裁昭和53年7月4日判決・民集32巻5号809頁、判タ370号68頁。
[57] 札幌高裁昭和47年2月18日判決・高民集25巻1号95頁、判タ278号165頁。

な措置を講じているか否かを判断し、不十分である場合には安全対策として必要な措置を講じなければならない。

本件においては、「当該近隣住民は専門的言葉を用いて苦情を述べ、液状化が生じても倒れないことの科学的証明を求めている。」「一定の安全性は有している旨の学校側からの説明には納得しない。議員にも陳情し、議会において質問として採りあげてもらうなどの活動に及んでいる。」という状況であるが、学校側が必要な措置を講じた上で合理的な説明を尽くしているにもかかわらず、同様の要求が継続するのであれば、不当要求の可能性が高く、弁護士に対応を依頼すべきである。

事例67　テニスボールで自動車が凹んだとのクレーム

> 学校のテニスコートの隣で板金塗装業を営む住民から、テニスボールが修理済みの自動車に当たり凹んだとの苦情があった。テニスボールが当たった程度で自動車に凹みが生じるものなのかが不明であったため、当該住民から直接話を聞いたところ、当該住民は拾ったというテニスボールを持参してきた。そのボールが学校から飛んできたこと及び修理済みの自動車に当たったことのいずれもが真偽不明であった。

論　点

柵等により、テニスボールの飛び出しを防ぐことができない場合において、学校が、施設としての瑕疵があることを理由に国家賠償法2条に基づく責任を負うか。

法的義務の有無

前記事例66と同様、国家賠償法2条の責任の有無を検討することとなる。

本件は、住民がテニスボールを所持していたことから、テニスボールが飛び出してしまう程度の囲いしか設置されていなかったものと思われる。したがって、生徒がテニスボールを故意にテニスコートの外に出していたような場合を除き、学校施設としてボール逸出による人的物的損害を防止

するための施設の設置に瑕疵があると認められる可能性がある。(下記大阪地裁判決参照)。

> …参考判例…
> (大阪地裁昭和48年１月17日判決・判時706号45頁)
> 「グラウンドのすぐ西隣は、交通量の激しい舗装道路であるが、ボールの逸出を防止する装置としては、被告がグラウンドと道路との間に高さ5.8メートル弱の金網を設けているだけであり、サッカーのゴール・ポストは、この塀から20メートル位の箇所にあることは、当事者間に争いがない。そして、現場検証の結果によれば、この高さの塀は、右道路側から北側の隣家に面してもグラウンドを囲んで延びていることが認められるのであるが、〔中略〕右グラウンド内で生徒達が球技中、大小各種のボールがこの塀をこえて道路上に飛び出すことが明らかである。そうとすれば、被告の占有かつ所有にかかる右グラウンドおよびこれに附属の土地の工作物たる金網塀は、ボール逸出による人的物的の損害を防止するための施設として設置に瑕疵があるものというべきであ(る。)」

具体的対処法

テニスコート周囲の防球ネットの設置が不十分であるとしても、住民が主張する自動車の凹みがテニスボールにより生じたか否かはさらに検討する必要がある。一般論として、テニスボールが当たっただけで自動車が損傷するとは考えられず、本当にテニスボールによって自動車が損傷したのかについては、慎重に結論を出すべきと考えられる(裁判上の立証責任は損害を主張する側にある)。

もっとも、学校側が、損害賠償責任を負うリスクが一定程度認められる場合には、学校側としても住民に対し真摯に対応する必要があると思われる。

同種事案では、PTAが団体保険に加入しており、当該保険を利用しての被害弁償が可能であったため、被害弁償の上で解決した例もある。

校庭から飛んできたテニスボールが当たって自動車のボディーが損傷することは通常考えにくい。この争点をおろそかにして、安易に金銭的解決をはかると、真実がテニスボールによる損傷でなかった場合には、将来再び同種の不正請求がなされる危険性を招来する。

したがって、弁護士と相談の上、解決の方針を定めるのが好ましい。

事例68　修学旅行先での通行人とのトラブル

> 高校の修学旅行中、生徒が「あっちへ行こう。」と挙げた手が通行人に当たった。すると、その生徒と一緒にいた別の生徒と通行人とが掴み合いになり、警察を呼ぶ程の騒ぎとなった。その後、事情聴取のため、生徒と付添いの教員が警察署に行った。他方、当該通行人の行方は分からなかった。その後、当該通行人から暴行を受けたとして、掴み合いになった生徒が被害届を出したところ、被害届の提出の事実を知った当該通行人も、生徒から暴行を受けたとして被害届を出した。
>
> 最終的に、当該通行人は、生徒個人に対してではなく、教員が付き添っていないから起こった事故であるとして、安全配慮義務違反を理由に当該高校の責任を追及してきた。

論点

本件事例のような校外学習中の事故について、学校が何らかの責任を負うことがあるか。

法的義務の有無

本件事例では、偶然挙げた手に当たっただけでいさかいになり、暴行事件にまで発展しており、通常では想定しがたい経過をたどった事案である。紛争が暴行事件にまで発展したことの一因が相手方の性格等にある可能性も否定できないであろう。そのため、たとえ一般論として校外学習を引率する教員に一定の注意義務が認められるとしても、本件事例のような突発的事故について学校側に予見可能性が認められ、注意義務違反が認定

される可能性は低いのではないかと考えられる（下記千葉地裁判決参照）。

> …参考判例…
> （千葉地裁平成元年２月28日・交通民集22巻１号239頁）
> 　公立高校２年の写生校外授業中、自転車乗入禁止の公園で生徒が男性に自転車を衝突・死亡させた事案で、①本件校外授業が、生徒にとり校内に比して拘束性が緩やかで課題も軽く、<u>担当教師の引率、監視もない</u>開放感の強い授業形態であったこと、②生徒が写生に専念していない具体的徴候を担当教諭が把握していたこと、③写生現場までの自転車使用の許可があったことから、担当教諭に、生徒へ公園内への自転車を乗入禁止・自転車で遊ばないことの注意を充分与えず、さらに適宜巡回監視等の生徒の行動把握に関する措置をとらなかった過失を認め、県に賠償責任を認めた。この裁判例によれば、相当の判断能力を有する高校生でも校外学習においては通常よりも生徒の行動に注意する措置を取る必要があると考えられる。

具体的対処法

　相手方は、偶然手が当たっただけでトラブルになるようなクレーマー気質の人物といえる。手が当たった生徒の行為は過失によるといえなくもないが、その場合でも犯罪は成立しない（過失暴行罪はない）。仮に怪我をしていても過失致傷罪となるのみである。他方、摑み合いとなった別の生徒は暴行罪として処罰される可能性もある。

　そもそもこのような通行人と接点を持つこと自体がその後にトラブルの元になる可能性が高い。相手方の暴行の程度にもよるが、学校側において、当該生徒が被害届を出すつもりであることを把握していた場合には、事前に対応を検討すべきであったと思われる。

　異常を察知した場合には、事前に弁護士に相談し、対応を協議すべきであったと思われる。

> **事例69　昼休みに近くのマンションで生徒が喫煙による迷惑行為**
> 　学校近くのマンションの管理人から「高校の生徒が、4限目終了後の昼休み中に、マンションの1階にたばこを吸いに来た上、たばこの吸い殻を床や壁などに押し付けて帰るため、掃除や塗装直しに費用がかかった。」として、学校に対して被害弁償を請求してきた。マンションの管理人からは、制服を着た生徒がたばこを吸っている画像を示されたが、当該高校の制服であるか否かも不明確であり、生徒の特定を行うこともできないなど、事実確認を行うことが困難であった。

論点

　昼休み休憩中に、生徒が第三者に損害を与えたと思われる場合、学校側の損害賠償責任の有無

法的義務の有無

1　監督義務の範囲

　高松高裁昭和49年11月27日判決[58]は、校長や担任教諭の監督義務は、学内における教育活動ないしこれに準ずる活動関係に関する児童の行動部分に限定されるべきであると判示した。
　また、東京地裁昭和40年9月9日判決[59]や神戸地裁昭和51年9月30日判決[60]においても、教員は、親権者のように責任無能力者の全生活関係につき監督義務を負うものではなく、学校における教育活動及びこれと密接不離の関係にある生活関係についてのみ監督義務を負うと判示しており、教師は親権者のように児童生徒の全生活関係について監督義務を

---

[58]　判タ318号255頁。
[59]　判タ183号170頁。
[60]　判タ352号283頁。

負うものではなく、学校における教育活動及びこれに密接不離の生活関係についてのみ監督義務を負う[61]。

2　考慮事項について

　学校における教育活動と密接不離の関係にある生活関係かどうかを判断する際の考慮事情等について、前記東京地裁昭和40年9月9日判決は、行為の時間、場所、態様等諸般の事情を考慮した上、それが学校生活において通常発生することが予測できるような行為かどうかを検討する旨指摘している。

　この点、休憩時間は、学校における教育活動と密接不離な関係にあることから、この時間中も、教師には生徒を保護監督すべき注意義務がある。しかし、休憩時間は、教師は職員室に戻るのが通常であるから、生徒を監視していなかったからといって直ちに注意義務違反とはならない。特に危険な行為（遊戯を含む）と目されるものが行われ又は行われようとしているなど危険性が客観的に予測される場合の他は、生徒の年令や社会的経験判断能力に応じて相当な一般的な注意を尽くせば足りる[62]（下記参考判例参照）。

　本件は、昼休み中の出来事であるが、一般論としては教師には生徒を保護監督すべき義務が認められる。もっとも、学校を抜け出したのがほぼ成人に近い判断能力を持つまでに心身が発達している高校生であること、本来学校にいる時間に故意に学校施設から抜け出し喫煙するといったものであり、このような行動を教師が予見し、これを監督することは困難であったと思われるため、本件事案では教師の監督義務は認めがたい。

　しかしながら、すでに同種の事件が頻発していたような場合には教師の予見可能性が肯定され、例外的に指導監督義務違反が認められる可能性もある。

---

[61] その他の参考裁判例として、函館地裁昭和46年11月12日判決（判タ272号254頁）がある。

[62] 浦和地裁昭和56年3月30日判決・判タ443号100頁。前掲注6・伊藤190頁。

第5章　学校外の第三者からの不当要求

···参考判例···
(浦和地裁昭和56年3月30日判決・判タ443号100頁)
「公立中学校の校長ないし担任教員が、教育活動の一つとして、登校した生徒を指導監督すべきことは、いうまでもなく、又授業中はもちろん、授業時間途中の休み時間における自校の生徒、担任する生徒の行状についても具体的内容を異にするとはいえ一般的には指導し監督すべきものであることは当然である。

しかして、右休み時間における右指導監督義務の具体的内容は、特に危険な行為（遊戯を含む）と目されるものが行われ又は行われようとしているなど危険性が客観的に予測される場合の他は、生徒の年令や社会的経験判断能力に応じた相当な一般的なものであれば足りるものというべきである。」

「本件中学校では、授業時間の各間に各一〇分間の休み時間が設けられているが、これは主として教師と生徒が次の授業の準備をするための必要があつて設けられているものであつて、生徒にとつても遊び時間でないことはいうまでもなく、教師も又準備のため一旦職員室に戻るのが普通であつて、この間担任教師が担任する生徒の行動を逐一監督する余裕は具体的には存在せず、又そのようなものとして具体的に予定されていなかつた」

(大阪地裁昭和51年2月27日判決・判時837号75頁)
「本件事故当時○○小学校では午前8時45分に第1予鈴を鳴らして児童に対しそれぞれの教室に入るべきことを告げ、午前8時55分に第2予鈴を鳴らして授業開始時刻の接近を知らせ、午前9時から授業を開始するが、児童は第1予鈴の時刻までに登校し、その時刻から授業開始まで各自教室で予習を行うことを指示されており、教職員は第1予鈴時刻以前に出勤し、午前9時までの間に職員室で当日の授業、行事等の打ち合わせをしていたことが認められるから、右時間帯においては、教職員が専ら校内を管理し、授業に備えて児童を校内に待機さ

せていたものとみるべきであり、かつ、同校の児童は、就学年令から計算すると、事故発生当時およそ6歳2カ月から12歳2カ月までの者であって、自己の身体に対する危害を自ら回避防御する能力が不足し、他面思慮分別に乏しく、自己の行為の責任を弁識するに足りる知能を具えていなかったといえるから、少なくとも校長は、第1予鈴の時刻から授業開始までの間、校内において、児童間のけんかないしその類似行為により傷害事故が発生することのないよう、児童を保護し監督する義務があったと解するのが相当である。」

（第1予鈴が鳴っても登校しない友達を教室から出て校門付近で待っていた小学1年生が後方から近づいてきた加害者に折りたたみパイプ椅子のようなもので頭部を殴られ、頭部外傷後遺症〈右脳波異常（てんかん波）・精神運動発作が現出〉を負った。なお、被害者らは加害者を同校小学校2年生としてその保護者も被告としたが、加害立証不十分とし、校長に代理監督義務違反を認めた。本判決は、法理というよりも事例解決に重きを置いたようにも思われる。なお伊藤進「学校事故の法律問題」（三省堂、1983年）190頁参照。）

具体的対処法

本件において学校側が何らかの法的責任を負う可能性は低いと思われるが、マンションの管理人が複数回にわたり学校側に注意を促したにもかかわらず、学校側が全く何らの措置もとらない場合、予見可能性が肯定され、損害賠償を負担させられる可能性も存在する。また、特定の時間に特定のマンションに集まるのであれば、その対処も容易ともいえる。

少なくとも、そのような通報があれば、喫煙という重大行為であることからも、教育上の配慮としても、生徒全体に注意を促すことは必要である。場合によって、昼休みの監視を強化するなどの措置をとるべきであると思われる。

なお、生徒が特定された場合、保護者が監督責任を怠ったと評価され、不法行為責任を負う場合もあると思われる。もっとも、不法行為責任の有無の判断は教育現場においては通常困難であり、弁護士に相談のうえ、対応方針を決めるべきであろう。

② 登下校中の生徒児童の行為について

事例70　自転車等の通学中での事故・コンビニからのクレーム

(1)（通学途中の事故）

　　高校の生徒が、自転車通学の登校中、歩行者と接触事故を起こした。しかし、事故への対処の知識がなく、何もせずに立ち去ってしまった。

　　後に事故に遭った被害者から高校に対し苦情があり、高校の校長に対し、文書で30万円程の慰謝料請求をしてきた。

　　これに対し高校側は、事故を起こした生徒を特定しようとした。しかし、被害者本人も生徒の特徴を覚えていなかった上、生徒が自ら名乗り出ることもなかったので、結局事故を起こした生徒を特定できなかった。

(2)（単車等のコンビニへの駐車）

　　コンビニに単車や車を駐車して、高校に登校している生徒がいるとの苦情が繰り返された。事実関係を調査するが、調査した際には、単車や車を移動させていたのか、発見できず証拠がつかめなかった。

(3)（生徒のコンビニ利用）

　　コンビニ経営者が、高校に対し、コンビニの飲食スペースが生徒に占拠されていると苦情を申し入れた。高校は、コンビニの飲食スペースを利用していた生徒を特定した。生徒たちは普段からまじめな生徒たちであり、クラブ帰りにコンビニを利用しただけであり、それほど長時間利用はしていなかったことが判明した。しかし、その後も、コンビニ経営者は、コンビニの飲食スペースが生徒に占拠されているとの苦情のメールを度々送信してくる。

論　点

1　生徒の通学中の事故について、学校が何らかの法的義務を負うか。

2 学校が許可していない自動車や単車での登校に関し、学校が管理・監督すべき法的義務を負うか。
3 生徒の学校外での行動について学校は、行動を管理・監督すべき法的義務を負うか。

法的義務の有無

1 論点1について

　教師は親権者のように児童生徒の全生活関係について監督義務を負うものではなく、学校における教育活動およびこれと密接不離の生活関係についてのみ監督義務を負うとされている[63]。

　裁判例によれば、放課後の教室での小学校児童の喧嘩の場合に「教場での教育活動が終了した以上は、全員が退室下校するのを見届けなければ児童の安全を保持し得ないと予測しうるような特別の事情のない限り、担任教師には最後まで教室に在室して児童を監督すべき注意義務は存しない」としており[64]、放課後について一般に教師は監督義務を負うものではないとされている点からすれば、通学途上は、一般的には、学校の法律上の義務としての監督義務、安全配慮義務の対象とはならないと考えられる。そのため、通学中の事故は、生徒及び親権者等の保護者の管理義務の範囲となるのが原則である。

　ただし、「交通事故の防止について」(昭和44年8月29日・文体保第二三一号・文部省体育局長通達)、「児童生徒等の交通事故の防止について」(昭和41年12月23日・文体保第二二六号・文部省体育局長通達) などの通達で通学の安全確保が学校に求められていることからすると、小学校の児童に対して学校側が指定した通学路が危険な道路であったような場合には、学校側にも予見可能性が認められ、学校に法的責任が認められることもあり得るのではないかと考えられる。

---

[63] 前掲注6・伊藤116頁。学校事故訴訟実務研究会編「改訂版　学校事故と訴訟Q&A」67頁（三協法規、2003年）。
[64] 高松高裁昭和49年10月31日判決。

本件では、生徒は高校生で判断能力が十分に備わっているといえるから、通常の交通安全指導をしていれば、学校が法的義務を負うことはないと思われる。

　なお、独立行政法人日本スポーツ振興センター災害共済給付制度の「学校管理下」となる範囲に登下校が含まれているが（独立行政法人日本スポーツ振興センター災害共済給付の基準に関する規程参照）、これは、被害者救済という共済給付制度目的から給付対象としての範囲を広くとらえているので（しかも学校事故を「災害」としてとらえているので人為的な事故に限られない）、同制度にいう「学校管理下」の範囲は、目的の異なる損害賠償論における教師の監督義務の範囲とは必ずしも一致しない。

2　論点2について

　生徒が許可していない通学方法で通学することについては、当該生徒との関係では校則違反の問題は生じ得る。しかしながら、前記のとおり高校生の登下校に関してまで学校側が監督義務を負うことは原則としてなく、コンビニへの駐車行為について学校側が何らかの法的責任を負うことは通常は考えられない。

3　論点3について

　前記のとおり、高校生の下校途中は基本的に学校の監督下になく、また、コンビニに立ち寄る行為は、生徒自身の自由意思に基づくものであり、教育活動と密接不離な生活関係に含まれるものとはいえないため、一般的に、高校生の登下校に対する監督義務を負うことはない。

　基本的には、コンビニの顧客対応・店舗管理の問題であり、コンビニと生徒（の保護者）との問題である。

具体的対処法

1　事例70(1)について

　通学中の事故については、基本的には、本人とその保護者が法的義務

を負うことを説明し、学校側に法的責任は生じないことを説明する。

2　事例70(2)について

　高校生の登下校中の行為について、学校としては、原則として法的義務を負わないことをコンビニに対し、説明する。そのうえで、後のトラブルを防ぐため、生徒に対して、コンビニから苦情があったことを周知し、許可のない方法で登校をしないよう注意を促すなど今後の苦情発生を防止するための措置を採るべきである。

3　事例70(3)について

　下校途中の生徒の行動については、原則として学校の管理下から離れており、学校としてはできることが限られていることをコンビニに対して説明する。そのうえで、後のトラブルを防ぐため、生徒に対して、コンビニから苦情があったことを周知し、迷惑をかけることのないよう注意を促すなどの措置を採るべきである。

事例71　生徒が登下校中に落書きしたとして引渡しを近隣住民が要求

　中学の生徒が登下校の途中に落書きをした。それを発見した近隣住民が、学校に対し、犯人を連れて来いと要求してきた。

論　点

1　学校は、校外で違法行為を行った生徒を特定するための措置を講じる義務があるか。
2　学校は上記違法行為を行った加害生徒を被害者のもとへ連れて行かなければならないか。

法的義務の有無

1　校外での生徒の行為であったとしても、学校における教育活動およびこれと密接不離の生活関係である場合には、教師等が代理監督者責任（民法714条2項本文、学校教育法37条4項、同9項乃至11項）を負う可能性が

ある。この場合、監督義務違反がないことについての立証責任は代理監督者にある（民法714条2項ただし書）。

しかし、登下校中の行為は、学校の管理下ではなく、基本的には学校は法的責任を負わない。

この場合の法的責任、すなわち生徒に対する監督義務を負うのは、保護者である。この点、監督義務者の責任の根拠については、「責任無能力者の生活全般についてその身上を監護し、教育をすべき地位にあることに由来する危険源の支配・管理に結びつけられた責任」[65]、あるいは、家族関係の特殊性（特に父母の義務）に着目し、教育・監護・善行をする重い義務が課されている監督義務者に課された「一種の保証責任」[66]とされているのが参考になる。

ただし、すでに何度も落書きについて学校に苦情が申し入れられていた場合などは予見可能性がないともいえないため、学校として落書きをしないように注意する等の指導は行うべきである。

なお、学校教育活動そのものであっても、神戸地裁平成21年10月27日判決[67]は、「学校の教師は、学校における教育活動により生ずるおそれのある危険から生徒を保護すべき義務を負うものであり、課外のクラブ活動であっても、それが学校の教育活動の一環として行われるものである以上、その実施について、顧問の教諭を始め学校側に生徒を指導監督し、事故の発生を未然に防止すべき一般的な注意義務が存するものと解される。しかし、課外のクラブ活動が本来生徒の自主性を尊重すべきものであることに鑑みれば、何らかの事故の発生する危険性を具体的に予見することが可能であるような特段の事情のある場合は格別、そうでない限り、顧問の教諭としては、個々の活動に常時立ち会い、監視指導すべき義務を負うものではないと解するのが相当である（最高裁昭和五六年㋺第五三九号同五八年二月一八日第二小法廷判決・民集三七巻一号一〇一頁

---

[65] 前掲注4・潮見412頁。
[66] 平井宜雄「債権各論Ⅱ 不法行為」214頁（弘文堂、1992年）。
[67] 判時2064号108頁。

参照)。」としており、課外のクラブ活動中の事故については、学校側の代理監督者責任における監督義務を、「何らかの事故の発生する危険性を具体的に予見することが可能であるような特段の事情のある場合」に限定している。
2 学校側には、加害者を探し、特定する法的義務はないものと考えられる。
　法的には、加害者を探し特定するのは不法行為等に基づき損害賠償請求を行う被害者側が行うべきである。

具体的対処法

　学校は近隣住民（被害者）の求めに応じて、不法行為を行った加害者生徒を探したり、特定したりして、被害者に通知する法的義務はない。そのため、教育的配慮から加害者生徒の探索を自主的に行うことは差支えないが、周辺住民からの求めに応じる法的義務まではない。

　ただし、学校が、加害生徒が常習的に学校近隣で落書き等の違法行為を行っていることを認識しており、将来において、同じような落書き行為の発生する危険性を具体的に予見することが可能であるような特段の事情のある場合には、学校が代理監督者責任を追及されるおそれがあることから、その危険性を回避するために、落書きを行わないように注意する必要がある。

　また、教育的配慮からも被害者への対応を行わせるべく、保護者をも含めて指導・助言を行うべきと思われる。

事例72　通学路使用で道路の通行が困難と住民がクレーム

> 近隣住民が、中学校に対し、大勢の生徒が通学路として使用するため車が通れないと抗議した。その上で、同住民は、学校に対し、教員が毎日通学路の整理をしろと要求してきた。

論点

住民からの要求に応じ、教員が毎日通学路の整理をする必要はあるか。

第 5 章　学校外の第三者からの不当要求

法的義務の有無

前記事例71と同様、登下校中の生徒による迷惑行為が問題となる事例であるが、登下校中の生徒の行為についてまで、原則として学校側には監督義務はないことは前記のとおりである。

しかしながら、現に大勢の生徒の利用で道路の通行の妨害をしている実態が存在し、道路利用者に不便をかけている実態を学校側が認識している場合には、学校側の指導監督義務が認められる可能性もある。

この場合も、生徒に対して交通ルール等を遵守させるための指導を行う必要性は認められるものの、教員が毎日通学路の整理をする義務までが認められるとは考えがたい。

具体的対処法

車の通行の妨害になっている生徒たちの通行状況等を考慮して、生徒達への指導の必要性が認められる可能性はあるが、毎日交通整理をするべき義務までが肯定され、学校の法的責任が認められる可能性は考えがたい。

しかしながら、近隣住民等と円滑な関係を構築する必要もあり、近隣住民等との協議により、朝の通学路の使用方法の調整を図るといった方法によることが望ましい。例えば、道路管理者や警察、教育委員会等で協議を行い、必要と判断されれば「通学路標識」などの交通安全上の施設などの整備が行われたり、「一時停止標識」などの設置による安全の確保のための規制を行うなどの方法が考えられる（なお、これらの設置義務は警察や道路管理者の職分に属し、学校の義務ではない）。また、近隣住民と保護者、学校側が協働で見守りを行うような体制を構築できることが望ましいが、あくまで法的義務が存在するわけではないことに留意すべきである。

事例73　登下校時の電車内マナーが悪いと教育委員会にクレーム

ある学校の生徒の電車内マナーが悪いとの苦情が教育委員会に入った。内容としては、電車内で大声で話しているとか、床に鞄が置いてあって通りにくいというものであった。

教育委員会から連絡を受けた学校側が生徒に対する指導を行い、その後、マナーが向上されたのか確認するため、実際に教師が電車に乗る等して確認を行ったが、マナー違反を発見することはできなかった。そのため、学校側としては解決済みと考えていたが、その後、前回の通報者と同一人物と思われる者から同様の苦情が度々入り、学校側は対応に困っている。

論点

登下校時の生徒のマナーについて、学校がこれに対応する法的義務はあるか。

法的義務の有無

1　校外で生徒が不法行為を行った場合に、基本的に学校側に監督義務は認められず、法的責任を負わないのが原則であることは、前記のとおりである。

　学校は、学校における教育活動及びこれに密接不離の生活関係についてのみ監督義務を負う。

2　電車内でのマナーについても、教師が校外授業のために引率中である等の場合を除いて、登下校時の生徒の行動について学校側に予見可能性は認めがたい。そのため、登下校時の生徒の行為について学校は、原則として監督義務を負わない。

　また、そもそも本件のようなマナー違反が、不法行為にいたることは通常考えられず、そのような行為につき学校の法的な義務違反を問うこともできない。

　したがって、一般市民からの苦情について、学校が、何らかの措置をとる法的義務は生じないというべきである。

具体的対処法

　以上のとおり、生徒の登下校時のマナー違反については、学校に法的責

任はない。しかし、教育的観点からそのようなクレームがあるのに放置してよいかどうかは別問題である。

　学校としては、そのようなクレームがある場合には、事実確認の後、生徒に対して一般的な注意をすることはむしろ望ましいといえる。

　なお、本件では学校側としてしかるべき対応をした後も苦情が継続しているが、執拗に苦情が繰り返されるのであれば、弁護士に相談のうえ、法的な対応を検討する必要が生じる。

③ 学校外における生徒児童の行為について

事例74　マンション・公園内での遊びをやめさせてほしいという地域住民のクレーム

　地域住民より、小学校に対して「マンションのロビーで子どもが遊んでいる。マンションのロビーは遊ぶところではないのでやめさせろ。」であるとか、「子どもが公園でボール遊びをしている。近くに駐車している自動車に当たるかもしれないので遊ばないように指導しろ。」という電話が入った。学校が対応しない場合には教育委員会にまで電話をして対応を求めてくるため、学校側も対応に苦慮している。

事例75　自宅に対する迷惑行為防止の要求

　公園で生徒たちが大声で話をする等して近隣住民に迷惑をかけたため、近隣住民が生徒たちを注意したところ、生徒たちから逆恨みされ、深夜２、３時に生徒たちからピンポンダッシュをされるようになった。そのような生徒たちによる問題行動が発生するごとに、近隣住民が、市教育委員会や中学校側へ、「中学校の生徒がピンポンダッシュや名前を叫ぶなどをするので、やめさせてほしい。」、「今の教師は熱意に欠けるので、何とかならないか。」、「今の親は子どもに躾ができていないので、学校が代わって厳しくしつけるべきだ。」という内容の電話をして、夜回りも要求するようになった。

事例76　ショッピングセンターでの迷惑行為の防止要求

　土日に大型ショッピングセンターで生徒がカートに乗って暴れるなどしたため、ショッピングセンターから、中学校側で教員による見回りをするよう要求された。

事例77　隣の家の騒音をやめるよう教育委員会へ苦情電話

「自宅の隣に住む児童3名が夜中でも騒いでうるさい。」、「3名のうち1名は特別支援学校等が相当ではないか。」、「児童の両親や祖父母には期待できないので教育委員会が子どもたちに適切な指導をしてもらいたい。」といった小学校の近隣住民から教育委員会に対する苦情電話があった。

事例78　公園での花火をやめるよう学校に電話したが、学校側の対応が悪いと教育委員会へ苦情

近隣住民から教育委員会に「生徒が公園で花火をしていたので近隣住民が中学校に電話したところ、教頭が『警察を呼んでもらったら』という対応であった。」「何でも全て学校の責任というわけではないが、(花火等は)一歩間違えれば大変な事故になるかもしれないのに、教頭は対応が悪すぎるのではないか。」と苦情電話があった。

論　点

1　学校として、子どもたちの各行為をやめさせる法的義務（ないしやめさせるための何らかの措置を講じる法的義務）が生じるか（論点1）。
2　躾等に関する近隣住民からの苦情に関して、教育委員会・学校が対応する義務があるか（論点2）。

法的義務の有無

1　論点1について

(1)　裁判例

前記のとおり、学校は、学校における教育活動及びこれと密接不離の関係にある生活関係についてのみ監督義務を負う。

また、学校における教育活動と密接不離の関係にある生活関係かどうかを判断する際は、行為の時間、場所、態様等諸般の事情を考慮し

た上、それが学校生活において通常発生することが予測できるような行為かどうかを検討する旨指摘されている[68]。

(2) 上記事例について

ア　自校の生徒である場合

　本件事例は、㋐場所が学校の校舎外であること、㋑時間も授業時間外であること、㋒本件各行為の内容が子どもたちの遊戯にすぎないことからして、本件各行為は教育活動ないし教育活動と密接不離の生活関係におけるものとはいえず、校長や担任教諭が監督義務を負うものではない。したがって、論点1及び論点2のいずれについても学校側に法的義務は生じないと考えられる。

イ　自校の生徒でない場合

　本件各行為を行っている者が自校の生徒でない以上、監督義務を負うことは考えられず、論点1及び論点2のいずれについても学校側に法的義務は生じないと考えられる。

2　論点2について

　子どもの躾について、学校がどこまで対応すべきかということも含めて教育の裁量の範囲であり、どこまで躾について指導をすべきかは個別事情を考慮した学校側の裁量判断によるべきと考えられる。特に上記各事例のように、学校外での児童・生徒の行動に対する指導については各家庭によることが望ましい問題であり、学校や教育委員会に指導を行う法的義務は存在しないと考えられる。

　また、児童を特別支援学校等での教育を行うか否かの判断は、教育の裁量の範囲であり要望に応じる法的義務はない。

具体的対処法

　上記のとおり学校や教育委員会が法的義務を負うことはないが、教育的観点から以下のような対応が考えられる。

---

[68] 東京地裁昭和40年9月9日判決・判タ183号170頁。

法的義務はないのであるから、いかなる範囲で実際の対応を行うかは学校側の教育的配慮に基づく裁量の範囲内の問題である。

1 一般的な対応

(1) 「事実確認が必要な場合もございますので、お名前とご連絡先をお聞かせください」等、受電の際に可能な限り相手方の名前を聞くようにする。
(2) 「学校においても事実確認の上、指導いたしますが、子どもにとっては地域の方々からのご指導も大切でございますので、ご注意が必要と感じられた場合には、直接子どもにも適切にご指導くだされば幸いでございます。」などとお願いしておく。

2 特に問題となっている生徒が自校の生徒である場合

(1) 実際に、現場に赴き、(PTA等と協力して) その場所で、生徒等が迷惑行為を行わないか、監視監督する（ただし、学校側が、あまりに過剰に対応しすぎると、要求がエスカレートする可能性があるため、あくまで、「こういう対応策も考えられる」と例示するにとどめる）。

　特に事例76については、ショッピングセンターの顧客対応・店舗管理の問題であり、ショッピングセンターと生徒（の保護者）との問題である。
(2) ホームルーム（学級指導）等で、全生徒に、地域住民の苦情の内容を知らせ、マンションのロビー、公園、ショッピングセンター等での禁止行為等を指導するとともに、そのような指導を行ったことを地域住民に報告する。
(3) 仮に、地域住民が、写真の提示や校内の見回り等、行為者の特定を要求してきたとしても、特定のための調査はできない旨を伝えるべきである（顔写真等も、個人情報の一つであり、むやみに開示してしまうと、個人情報保護条例に抵触する可能性がある）。

3 自校の生徒でない場合

自校の生徒でない場合でも、ホームルーム等の指導で自校の生徒に注意喚起した上で、地域住民に報告する。

事例79　自転車通学を認めるよう脅迫まがいの要求

> 自転車通学を認めていない中学校の近隣住民が「学校に自転車通学できるようお願いしてやる。」と言って、怒鳴る等して中学校に自転車通学を認めるよう要求してきた。以後、当該近隣住民が、ことあるごとに飲酒酩酊状態で中学校や市役所に電話をかけてきた。
> さらに、当該近隣住民は、1日に5回も当該中学校に電話をかけてきて、対応した教頭に対し、脅迫的言辞を加えて、怒鳴ることもあった。当該近隣住民は、昼間から酩酊状態にあり登下校中の生徒にも怒鳴り散らしている姿も目撃されている。
> その者が近隣住民であったため、PTAや自治体の方も交えて対応方法について協議をしたところ、当該近隣住民と話し合いの機会を持つことにしたが、その際にも、「鉄の棒を持って行ったる。」などとわめく有様で対応に苦慮している。

論点

自転車通学を認めていない学校に対して、自転車通学許可の要求があった場合、これに応じる義務が生じるか。

法的義務の有無

中学校で自転車通学を認めるか否か、認めるとしてどの生徒の自転車通学を認めるかについては、通学の距離、自転車通学による危険性などの諸事情を総合考慮して、裁量により決定すべき事柄と考えられるから、特定の生徒の自転車通学を認めなければならない法的義務はない。

具体的対処法

本件事案は、明らかな不当要求事案であり、関係各所に同種の要求をしていることも想定される。これら関係各所と連携の上で、民事的には警

告、仮処分等の法的手続を求めるほかに、教頭に対する脅迫罪で被害届を提出し、刑事処罰を求める方法が考えられる。

　当該近隣住民は、不当要求を拒否した教頭や自治体職員に対し、その生命・身体に危害を加える旨を告知しており、昼間から酩酊状態にあることや登下校中の生徒にも怒鳴り散らしている姿が目撃されているなどの事情に照らすと、現実に被害が発生しかねないと考えられ、少なくとも被害届の提出はなすべきであろう。

第6章 その他

事例80　学級担任の言動が不快として教育委員会に電話

　小学校児童の保護者から、教育委員会に対して電話があった。
　「学校で、子どもが大便を漏らしてしまったことから、下着を借りて帰ってきたが、その際、担任の教員が『洗って返して下さい』と複数回述べたことに不満を持っているので、学校に伝えてほしい。」という内容であった。
　教育委員会担当者は、母親の気持ちが高ぶっていたことから、まずは傾聴した。そのうえで、担任の教員が繰り返し伝えたことは、当該教員としては会話の一部分という認識に過ぎないのではないかとの見解を伝え、母親の理解を得た上、母親が不満を感じていることを学校と当該教員に伝えた。

論点

担任教員の対応に法的な問題があるか。

本事例における教師の行為について

　担任教員は、下着の返還を求めるに当たって必要な事項を伝えただけであり、かかる行為は、不法行為等の法的な問題を生じさせるものではない。
　本事例の母親の要求については、担任の教員に対する不満・苦情の域を出ないものともいい得るが、下着を洗って返還するのが社会的常識でもあるから、感情的な問題に過ぎない可能性も高い。

具体的対処法

　学校に伝えて欲しいということ以外、対応を求められているわけではないため、今後も母親に連絡をする必要はない。
　これまでの対応としても、不満・苦情を持っている点につき、気持ちを汲み取り納得を得た上で、学校側への連絡を行っており、本件での教育委

員会担当者の対応は妥当なものである。

事例81　校長に不適切な言動があったと教育委員会に苦情電話

　　中学校の生徒の保護者から教育委員会に対して、下記の内容の苦情申出が電話でなされた。
　「担任と電話で話をしていたら、突然、校長が電話に出て『おまえ出て来いや』と言われた。電話の後、午後9時に中学校へ行ったところ、校長は不在で、事務員から校長に電話をしてもらったが、校長は電話に出なかった。事務員に来校した事実を校長に伝えるよう頼んだが、その後校長から何の連絡もない。校長としてはあまりにも不適切な言動であり、事実関係を調査の上で、校長に謝罪して欲しい。校長を厳重注意して欲しい。」
　　校長から教育委員会に対しては、事前に、「ある保護者の言動を理由にその保護者と争いになった、その保護者から苦情の電話が入るかもしれない。」との連絡があった。
　　教育委員会担当者は、保護者の申入れの内容を丁寧に聴取し、校長に電話の内容を伝えるにとどめ特に調査はしなかった。

論点

教育委員会における調査義務の有無

教育委員会の調査義務

　教育委員会の職務を遂行する上で、調査を要する場合はある。例えば、教育委員会は、当該地方公共団体が処理する教育に関する事務で、地方教育行政の組織及び運営に関する法律21条に掲げるものを管理し、執行するとされているところ、かかる事務を遂行する上で、事実関係の調査が必要となる場合はあろう。
　ただし、教育委員会が保護者に対して調査義務を負うことは一般的にない（事例33の解説参照）。

教育委員会の対応の適否

　上記のとおり、教育委員会が保護者に対して調査義務を負うことはない。
　また、本事例の保護者の主張を前提としても、校長の行為に違法性があるとはいえない。校長から事前に連絡があったことからすると、校長が徒に保護者対応を放置したという事案でもないため、関係者からのヒアリング等の事実関係の調査までは行わないと判断することも相当である。
　なお、当該保護者から執拗な電話がなされたわけではなく、また、その要望も「厳重注意して欲しい」というものに留まっており不当要求とはいえないため、本事例は、保護者対応として特別な配慮を必要とする事案でもない。
　以上から、教育委員会担当者が保護者の申入れの内容を丁寧に聴取し、校長にその内容を伝えるという対応を行ったことは妥当と考える。

事例82　弟が体罰で不登校になったとして兄が教育委員会へ苦情

　中学校の生徒の兄から教育委員会に対して、下記の内容の苦情申出が電話でなされた。
　「弟が教師の体罰（出席簿で頭をたたかれ、平手で顔を叩かれた等）が原因で心を痛め、夏休みは引きこもった。弟は自分を変えようとして、髪を染めたが、新学期に登校したところ、学校に入れてもらえず、まだ不登校である。なお、両親は心身の調子が悪いことから、連絡は自分宛に欲しい。」
　教育委員会担当者は、冷静な口調での話であったことから、まずは話を聞き、弟の登校を最優先させるということで学校の教員と話をするということであれば、学校に連絡をする旨確認し、了承を得た。
　そこで、教育委員会担当者は、校長に確認したところ、①髪を染めたのは兄であること、②学校から兄の携帯に連絡をしていること、③出席簿で軽く頭をたたいたことはあったが、担任が平手で顔を叩くようなことはなかったこと、④両親の調子は悪くない、とのことであり、前日には兄が3時間ほど学校に居座ったということで

> はあったが、学校から兄に再度連絡する旨の回答が得られた。
> そのため、再度、兄に連絡を取り、教員は相談を受ける意向を持っていること、学校から再度連絡が入ることを告げた。

論点

教育委員会において上記のような連絡に対応する法的義務の有無

法的義務の有無

本事例における兄の直接の要望は、弟の登校の件で、学校から連絡をもらいたいというものである。もっとも、兄が最終的に、教育委員会や学校側に対して、いかなる対応をとらせようとしているのかは不明である。

現時点で、兄からの連絡に何らかの対応を行うべき義務が教育委員会に生じることはない。

ただし、兄の主張のとおり、仮に、教師の体罰やそれに基づく不登校が発生し、それに対して学校側が対応を放置するようなことが発生していたのであれば、教育委員会や学校としても対応を要することになろう。

その場合には、兄の主張する事実の存否について、事実関係の調査を行うことが相当である。

本件の対応の適否

本件では学校が兄に連絡をとり、しっかりと対応していると見られるので、教育委員会が学校にその後の対応を委ねたのは妥当であろう。

なお、教育委員会への通報の中には、教育委員会を通じて学校に圧力をかけようとする意図がある場合も存在するのが現実である。教育委員会担当者はその点に留意し、事実確認ができない時点で安易に学校に指示を出す等の言質を取られないようにすることが必要と思われる。

事例83　教師としての適性に疑問ありとして、教育委員会へ匿名でのクレーム

> 　中学校の生徒の保護者から教育委員会に対して、匿名で下記の内容の苦情電話があった。
> 　「新入生説明会で教師から『生徒に何か問題があったら最終的には保護者の責任である』と捉えられる発言があったところ、保護者の責任を否定するものではないが、学校も同様に責任をもって生徒を指導してもらいたい。」
> 　「子どもが早く帰宅したので、学校に子どもが部活動に参加したか確認の電話を入れたところ、担当教師から『生徒数が多いので把握できていない』旨の返答があったが、担当教師の回答はあまりに無責任ではないか。」
> 　「教師が朝、通学路上で登校指導を行っているが、挨拶をしない教師が多い。指導者たる教師自身が挨拶しないのはおかしいのではないか。」
> 　「今の教師はサラリーマン的な対応が多く見られるところ、人として生徒に接して欲しい。」
> 　教育委員会担当者は、苦情に対して傾聴に努めた上、電話の内容を学校に伝えることを約束し、学校にその旨伝えた。

論点

教育委員会は、匿名の抽象的な要望に対応すべきか否か。

法的義務の有無

　教育委員会は、当該地方公共団体が処理する教育に関する事務で、「学校その他の教育機関の職員の任免その他の人事に関すること」、「校長、教員その他の教育関係職員の研修に関すること」について、管理し、執行するとされている（地方教育行政の組織及び運営に関する法律21条3号、8号）。

　したがって、教育委員会においては、教師の問題行動について苦情等があった場合には、その内容に応じて、調査を行う（あるいは学校に調査を行うよう求める）か否かという点や、研修に反映させるか否かなどの判断を

行うことになる。

　もっとも保護者からの要求によって、教育委員会に、保護者に対する調査義務が生じるものではない（事例33の解説参照）。

　まして、匿名の苦情の場合には、その真偽にそもそも疑義が生じる上、さらにその苦情が抽象的な内容に留まる場合には、問題と指摘される行為の具体的な発生状況（時期、場所、行為者等）も不明であって、そもそも調査を行うことが困難である。したがって、かかる苦情によって、何らかの対応義務が教育委員会に発生することは原則としてない。

本件での対応の適否

　上記のとおり、対応義務が発生するものではなく、何らか具体的な対応も取りようがないという状況であるため、苦情を傾聴し、学校側に伝えるという対応は妥当であると評価できる。

事例84　停学処分前の保護者との説明面談の際の不当要求

　　生徒が暴力行為など問題行為を起こし、停学などの処分をする場合には、事前に保護者に説明を行っている。

　　この際に、保護者は、自分の子どもが悪いとの事情を説明されることになり、心理的に抵抗があり納得が得られにくい。その際、日当やタクシー代を出せと要求をしてくることがある。また、額と額がぶつかる寸前まで近づき威圧して罵声を浴びせてきたりもする。

　　このような脅迫行為を受けた場合、警察に連絡することも考えられるが、子どもの面前であるため、警察への連絡をすることは困難と考えている。

　　脅迫行為を行っている保護者もそのことを分かっているのか、子どもを別室に行かせず同席させ続ける。面談の時間についても、相当長期間に及ぶことがあり、勤務時間を超えて対応しなければならない場合も多い。

　　夜の8時から深夜の2時まで保護者対応をせざるを得なかったこともあった。

> 論　点

保護者対応の基準

懲戒の際の保護者対応の基準

「校長及び教員が児童等に懲戒を加えるに当つては、児童等の心身の発達に応ずる等教育上必要な配慮をしなければならない」（学校教育法施行規則26条1項）とされている。

そして、かかる配慮を行うに当たっては、個別の事案ごとの専門的な判断となる。したがって、いかなる配慮を行うかは懲戒者の裁量に委ねられる。そして、懲戒の際の保護者に対する事前の説明についても、教育上の配慮が必要となる事柄である。

なお、かかる教育的配慮を実現する上で、保護者に交通費等の費用が生じたとしても、それを賠償すべき義務が学校側に生じるものではない。

具体的対処法

一般論として、保護者の話を聞くことで保護者及び生徒の気持ちが落ち着くこともあると思われるので、一定程度保護者の話を聞く方が、懲戒手続が円滑に進む場合もあると思われる。

しかし、過度の要求がなされた場合には毅然とした対応をとるべきである。具体的には、金銭要求については、これに応じる法的義務がないだけではなく、不当要求とも評価され得るので、当該要求の内容については、法的手続をも視野に入れて証拠化することが望ましい。また、脅迫的言動についても、刑事事件としての対応も念頭にして対応すべきである。

なお、やりとりが長時間に及ぶ場合は、保護者が説明を求める事項を文書で送付してもらうなどして仕切り直すよう申し向け、拘束時間を減らすことができるよう工夫することも一方策である。

「時間を打ち切る。」というような発言をしたときに「教育を放棄するのか。それでも教育者か。」と言われることも考えられるが、その際には、「冷静にお話ができない以上、これ以上お話はできません。このような場

合にお話を打ち切ることを教えるのも重要な教育の一つと考えます。」と応対することが望ましい。

　また、保護者の威迫行為が始まった際には、「教育的配慮から、子どもを同席させない」ことを申し入れるなどして、子どもを別室に行かせることも配慮すべきである。それでも保護者が異常に威迫を続ける時には、複数の教員で対応する。場合により警察への通報も辞さない意思を示す等の対策を行うべきである。予め保護者の不相当な要求が想定される場合には、弁護士に相談の上、同席を求める方法もあり得る。

事例85　教員が生徒から受けた暴行を警察に通報する行為

> 　中学校の生徒が、禁止されているにもかかわらず自転車で登校し、それに止まらず校内廊下を走行した。教員が前方から走行する自転車を停止させたところ、生徒が教員を前蹴りした。警察に通報し、逮捕となったところ、生徒の保護者から「学校が生徒を売るのか。」と言われ、卒業式にも出席できなくなったなどと非難された。
> 　生徒については警察に通報の上、生徒の逮捕に至っており、毅然とした対応をすることにより、その後、教師に対する暴力は減少した。

論点

1　教師が生徒から暴力を受けた際、警察に通報する行為は違法か。
2　それにより生徒が被った不利益に対し、学校側が責任を負うか。

論点の検討

1　論点1について

　暴行、傷害、器物損壊など犯罪行為に該当する場合には、警察へ通報したり、告訴することは被害者として当然の行動であり、何ら違法ではない。
　また、犯罪行為については、被害者以外の者が告発を行うことも認められているため（刑事訴訟法239条）、犯罪行為を前提とする限り、警察

への申告が違法と評価されるものではない。

　なお、官吏（国家公務員）又は公使（地方公務員）には職務を行うことにより犯罪があると思料するときは、違法行為を告発すべき義務もある（刑事訴訟法239条2項）。公務員の告発義務については、単なる訓示規定ではなく、法律上の義務を課した規定と解されているが、「もともと行政機関は、それぞれ固有の行政目的の遂行にあたっているものであるから、この告発を行うことが、当該官吏または公吏の属する行政機関にとってその行政目的の達成に極めて重大な支障が生じ、そのためにもたらされる不利益が、告発をしないで当該犯罪が訴追されないことによってもたらされる不利益より大であると認められるような場合においてまで、本項が行政上の支障を無視してもなお告発すべきものとしている趣旨であるとは解せられず、このような場合には、当該官吏または公吏の属する行政機関の判断によって告発をしないこととしても、本項に違反するものではない」[69]とされている。

2　論点2について

　上記のとおり、学校側の対応に違法性がない以上、不法行為責任は成立しない。子どもが逮捕されたことについて、保護者が学校に賠償などの責任を取るよう要求するのであれば、学校側の対応が何ら違法なものでない以上、不当要求事案と考えられる。

具体的対処法

　学校側の対応に問題はなく、学校側が法的責任を負うことはないと考えられるため、保護者の要求には毅然と対応するべきである。

　受忍限度を超えた刑事事件となり得る事案においては、刑事立件を見据えた毅然とした対応を行うことは、当該生徒、他の生徒に対して「法の支配」を教えるという意味での教育的側面もあると考えられる。

　教育現場を守るためにも、異常を察知した場合は早期に弁護士に相談す

---

[69] 松本時夫・土本武司編「条解刑事訴訟法　新版」401頁（弘文堂、1996年）。

べきである。

> **事例86　卒業証書を受取らず、証書を渡さないとクレーム**
> 　生徒Aが卒業式に出席しなかったため、Aに卒業証書を渡せないでいる。学校がAの家に何度も訪問して卒業証書を渡そうとするも、Aの保護者はこれを受け取ろうとしなかった。
> 　にもかかわらず、Aの保護者は卒業証書を渡さなかったことに対してクレームをつけている。

論　点

卒業の際に卒業証書を授与することは学校の責務と言えるか。

法的義務の有無

校長は、小学校、中学校、高等学校の過程を修了したと認めた者には、卒業証書を授与しなければならないとされている（学校教育法施行規則58条[70]、79条、104条1項）。したがって、卒業証書を授与することは学校の責務といえる。ただし、授与の時期、方法等については特に定めがない。

そのため、学校が適宜の方法で卒業証書を授与しようとしているにもかかわらず、保護者が卒業証書を受け取らない場合には、その授与の方法が明らかに不相当であるといった事情でもない限り、学校側は既に義務を果たしていると評価でき、学校側に責任が生じることはないといえる。

具体的対処法

事例のように、何度も保護者宅に行っても受け取ってもらえないということであれば、学校側としては既に義務の履行として十分な行為を行ったと評価でき、それ以上の行為をなすべき法的義務はない。

ただし、より万全を期すならば、保護者が受領を拒絶しているというこ

---

[70] 学校教育法施行規則第58条。校長は、小学校の全課程を修了したと認めた者には、卒業証書を授与しなければならない。

とで、口頭の提供（民法493条但書）を行うことが考えられる。すなわち、卒業証書を一旦は学校に持ち帰った上で、保護者に対し、それらを保管しているので受領されたい旨の通知を行うという方法が考えられる。そして、通知の方法については、原則として文書で行い、後日受け取っていないと言われるリスクがあるような場合には、内容証明郵便による通知が好ましいが、内容証明郵便発状に抵抗があるというのであれば特定記録郵便を利用することも考えられる（事例31の解説参照）。

　本件では、生徒または保護者からの「学校が卒業証書を渡さなかった」というクレームがなされているため、上記の文書とは別途、学校側の内部の記録としても、学校が卒業証書を授与しようとした事実について詳細な記録（いつ、誰が保護者宅へ行き、そのときにどのような対応がなされたか）を残しておくことが望ましい。

事例87　正門前のチラシ配布を注意されたのが営業妨害とクレーム

　中学校の期末試験の時期に、下校時間において、学校正門の前で、学習塾のチラシを配っている男性がいた。正門前は交通量が多い道路に面していたところ、教員が、交通事故等の危険を避ける意味で、「離れたところでお願いします。正面だと混乱するので。」と注意したところ、「天下の公道で、何で教員に指示されなあかんのや。」などと言い、教員の申し入れは聞き入れられなかった。

　その男性は、チラシを配ったり、生徒に話しかけたり、教員の申し入れを無視したことから、学校は、不審者として警察に通報した。

　その後、男性は、「教師が大声を出した。威圧してきた。営業妨害や。」などと言いはじめ、教育委員会に電話をしたりした。

　更に、「交通安全にかこつけて、教員が汚い言葉を使っている。」「こんなんやからいじめがなくならない。」などと、論点をすり替えてくるようになった。

　なお、男性が指摘するような大声を出したり汚い言葉遣いをした教員はいなかった。しかし、譲歩して、言葉遣いについて教育委員

> 会が指導した、という形で納得をしてもらった。
> 　大変執拗で、学校に対する直接の接触はなかったものの、教育委員会への対応で時間を取られた。

> [!NOTE] 論　点

　学校側が当該男性に対し、チラシを配る場所の変更を要請したり、聞き入れられない場合に警察に通報する行為が適切であったか否かが問題となる。
　この点、学校側に、当該男性に対し、適切な注意を行い、注意が聞き入れられない場合に警察へ通報する等の措置を行うべき義務があれば、本問の学校側の行為は法の要請に基づくものであり、当然適法ということになろう。

> [!NOTE] 法的義務の有無

1　公立の小中学校の教師の児童、生徒に対する保護、監督義務の根拠、範囲

　詳細は、事例1の【法的義務の有無】2(1)、(2)を参照。
　公立の小中学校の教師は、児童、生徒に対し、学校教育法を根拠として、親権者等の法定監督義務者に替わって監督すべき義務を負うが、児童、生徒の特定の生活関係、すなわち、学校における教育活動及びこれと密接な関係にある生活関係についてのみ監督義務を負う。
　そして、実際にいかなる場合にかかる義務が生じるかについては、教育活動の性質、発生した事象の時と場所、児童・生徒の年齢、知能、身体の発育状況等の諸般の事情を考慮して、当該事故が学校生活において通常生ずることが予見され、又は予見可能性がある場合、あるいはこれを予見すべき特段の事情が存在する場合に、監督義務が認められることになる。

2　本事例での検討

本事例では、下校時間中に、学校の正門前での無許可のチラシ配りであり、仮にかかるチラシ配りを避けた結果、交通事故等が生じるとなれば、上記の保護、監督義務違反を問われる可能性がある。
　そのため、学校側として、かかるチラシ配り行為について、場所の変更を要請することは、保護・監督義務の履行のために必要な行為であり、かかる要請に応じない場合に、警察へ通報することも当然に適法な行為である。
　従って、相手方男性の言い分は法的に理由のあるものではない。

> 具体的対処法

　教育委員会等を通じての苦情や論点のすり替えへの対応に苦慮したようであるが、安易に非を認めず、毅然と対応し続けたことは、適切であると考える。本件では、教育委員会の配慮で相手方の不当要求は沈静化したとのことであるが、執拗に要求が続いた時点で弁護士に相談し、法的対応も検討すべきであった。

事例88　就学時健康診断での医師の態度が悪いと教育委員会へクレーム

　小学校の保護者から教育委員会に対して、就学時健康診断における歯科医の態度について、
- ふてぶてしい
- 胸もとをチラチラ見る
- 「口を開けて前に来なさい。」と言って服を引っ張る

等の苦情があり、歯科医師会に指導し、指導の内容とそれに対する回答を教えてほしいと言われた。
　教育委員会において、健康診断に立ち会っていた養護教諭に事実確認したところ、服や腕を引っ張ることはあったとのことであった。
　歯科医師会に対しては「新1年生であり、多くの子どもが緊張のためにいつもどおり行動できない部分があるので優しく接してほしい。」と伝えた。

論点

教育委員会が歯科医師会に対して指導する法的義務はあるか。

法的義務の有無

教育委員会は、当該地方公共団体が処理する教育に関する事務で、地方教育行政の組織及び運営に関する法律21条に掲げるものを管理し、執行するとされている。

そして、かかる事務の中には、生徒、児童及び幼児の保健、安全、厚生及び福利に関すること（第9号）が挙げられているため、健康診断を行った歯科医師において不適切な行為があった場合に、上記法律に基づき、教育委員会として歯科医師会に対処を求めることが可能である。

もっとも、上記法律は、教育委員会の保護者に対する義務を定めるものではないため、保護者からの要請があったとして、その要請どおりに指導する法的義務が存在するわけではない。

本件における対応の適否

事実関係が明らかではないが、服や腕を引っ張った態様によっては、歯科医師の対応が不適切であるということも考えられる。したがって、歯科医師会に対して今後の健康診断における配慮を要望したことは適切な対応といえる。

資　　料

●仮処分事例

　　　　　　　　　　　あ　る　仮　処　分　事　例

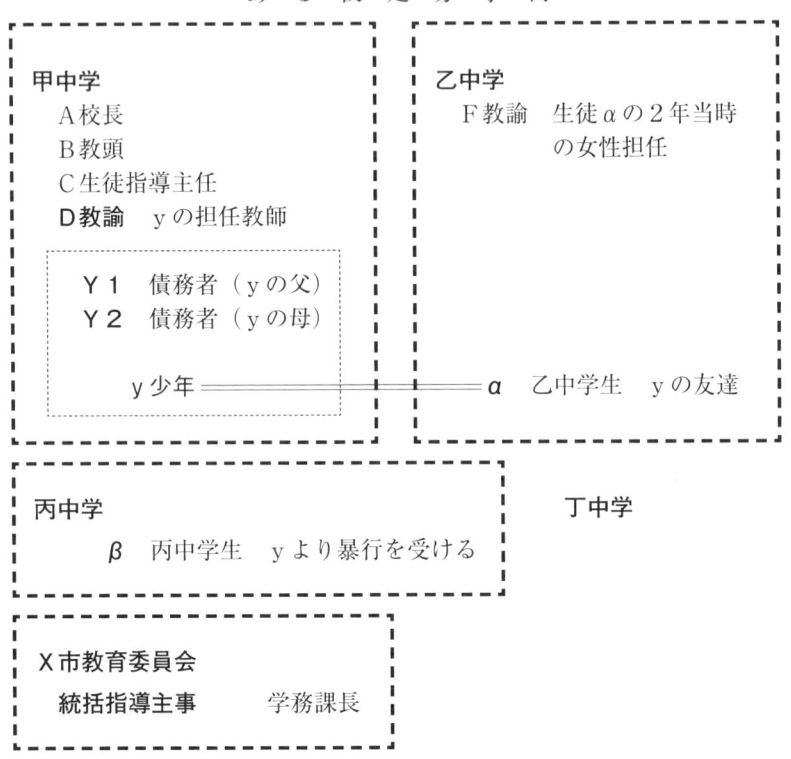

```
┌─────────────────────────────┬─────────────────────────────┐
│ 甲中学                      │ 乙中学                      │
│   A校長                     │   F教諭　生徒αの2年当時    │
│   B教頭                     │         の女性担任          │
│   C生徒指導主任             │                             │
│   D教諭　yの担任教師        │                             │
│   ┌─────────────────┐       │                             │
│   │ Y1　債務者（yの父）│    │                             │
│   │ Y2　債務者（yの母）│    │                             │
│   └─────────────────┘       │                             │
│       y少年 ════════════════════ α　乙中学生　yの友達    │
└─────────────────────────────┴─────────────────────────────┘
┌─────────────────────────────────────────┬─────────────────┐
│ 丙中学                                  │ 丁中学          │
│       β　丙中学生　yより暴行を受ける    │                 │
└─────────────────────────────────────────┴─────────────────┘
┌─────────────────────────────┐
│ X市教育委員会               │
│   統括指導主事　　学務課長  │
└─────────────────────────────┘
```

〔事案の概要〕

1　事件の発端

(1)　9月5日、甲中yが乙中の生徒αと共に乙中に現れたのでF教諭が対応していた。yが廊下や窓に唾を吐きかけ、F教諭がペーパーで拭き取ったあと注意をすると、更に5度、唾を窓に向かって吐いた。

　「学校に連絡する。」というと、二人は捨て台詞を吐いて帰って行った。

(2)　乙中から甲中宛に上記の連絡がある。
　(3)　翌日、担任Dが乙中での出来事をyに確認したところ認めた。
　　　担任Dが反省文の提出を求めたところ、yは拒否して早退。

2　Y1の不当要求
　(1)　担任Dよりyの父親Y1に架電、早退の事情及び乙中学での事実を話したところ、Y1が立腹。
　　　Y1は、
　　「乙の先生がくだらんことで文句をつけるからおかしいんや。唾をかけたぐらいですんでよかったやないか。今から行くから待っとけ！あほんだら！」といって電話を切った。
　(2)　直ちに、Y1は、甲中職員室を訪れ、
　　「担任Dはおるか。Dを呼ばんかい！コラ！」
　　と大声で叫んだ。
　　　応対した教師が「授業中です。」と答えると、
　　　Y1は、
　　「そんなこと関係ない。俺が来たことを伝えろ！」
　　というので、B教頭が応対したところ、B教頭の顔の間近まで顔を近づけて睨み付けた。
　　　Y1が廊下に出て
　　「教育委員会を呼んでこい」
　　と怒鳴る。
　　　その後、yの母Y2も甲中に来て、Y1、Y2が職員室のドアを開け、
　　「担任Dが戻ってきたら自宅に電話させい。」「来週、教育委員会を連れてくるから首を洗って待っとけ！」
　　と発言し帰って行った。
　(3)　9月10日　乙中から甲中に対し、「Y1から乙中のF教諭に電話が入っている。直接教員に電話しないように伝えてほしい」との連絡がある。
　(4)　甲中のA校長がY1に架電したところ、

Y1は、
「担任Dは確認もしないでyを犯人扱いしよった。教育委員会にも話した。担任Dの話は殆どデタラメや。乙中のF先生に確認したら息子は唾を吐いていないということや。」
と抗議した。
(5) Y1、Y2、yが甲中に来訪し抗議を行う。
A校長、担任D、生徒指導主任Cが応対。
(6) 甲中から乙中のF教諭に直接事実確認。
F教諭は、「yは、窓に向かって5度唾を吐きかけたが唾は当たらなかった。」という説明を行った。
(7) 9月17日Y1から甲中A校長宛電話。
「校長の決断が求められとる。どう責任をとるかや。ごまかしたらあかんで！」
(8) 9月25日Y1は、乙中を訪れF教諭に直接面談を求める。

3 教育委員会の関与

(1) 10月3日
甲中にて、A校長、B教頭、担任DとY1、Y2との間で話し合い。
教育委員会から、統括指導主事らが出席。
もっぱら学校が謝罪する形で話し合いが進められる。
Y1からは、
「犯罪の傷は残る。形のあるケジメをつけてくれや。どうすれば本人を白紙の状態に戻せるかや。息子の自信や名誉は教員が頭を下げても戻らへん。えん罪で刑務所に入った人もわずかな金銭の補償があるだけで元の状態に戻れへん。どうケジメをつけるんや。今回犯罪者扱いをして反省文を書かせた。明らかに法律違反や。」
「おい、おまえ、このガキ。外を安心して歩けると思うなよ。先生を首にするのは簡単や。女を抱かせて首にする方法だってあるんや。」
と言って、質問状が提出された。
質問状には、「今回yにどのようなことをしたのか、教員法、公務員

法、地方公務法、民法、刑法に照らして答えよ。」等の記載があった。
(2) 10月4日　Y1教育委員会に突然来る。yの転校を要求。
「昨日の教頭の態度は一体何や。言い訳ばっかりで、事実が作り上げられてる。嘘ばっかりや。懲戒免職になること分かってんのか。ああいう対応が続くようでは教頭を殴るかもしれん。」
「アホに教えられたらアホになる。今回のように物事が見分けられない人間に指導されたら刑務所に行かされてしまう。学校変えてくれ。」
(3) 10月7日
　　Y1の質問状に対する回答提示。「詳細な事実の確認が不十分であったため、結果として事実と異なる内容でy君の指導を始めさせてしまいました。」等と記載した。
　　Y1、教育委員会にyの転校を要求。
(4) 10月14日　教育委員会にてY1、Y2と話し合い。
　　教育委員会から「転校は難しい。」と伝えると、
　　Y1は、
「教育委員会に転校させない権利はあるんか。別に大暴れしてもええんやで。腹は括っとる。」「甲中に行ってもええが、うちの息子は暴れるで。警察を呼ぶな！。先生殴っても、担任や教頭は叱ることはできへん。しゃーないやろ。教師面するからや。『教師とは思ってへん』と息子がいったら説明できへんやろ。」
「民事裁判起こして、教育委員会から慰謝料とればええんか。分かれへんのやったらそうするしかないな。甘う見すぎや。」
「犯罪者として扱われたので転校したいんや。それだけで十分やろ。その中で卒業までなんて無理や。校長、明日までに在学証明書を作っておけよ。その後の手続きを頼む。とにかく明日中に、転校手続きが完了するように書いとけ！」
と、発言した。
(5) 教育委員会は、転校を承認することとした。
(6) 同日教育委員会統括主事から債務者に転校手続の件で架電したとこ

ろ、

Y1は、

「このままで済むと思うなよ。お前も、こないだ、『このままで済むとは思てません』と言うたやろう。記録を調べい。何考えてんのや。このままで済む訳ないやろ。」

Y2は、

「学用品の請求書も全部持っていくから。支払ってほしい。」

と要求。

(7) 10月18日、Y1、Y2が転校手続のため教育委員会へ来た。

Y1は、

「関与した教師の処分をきちんとせんかいな。処分の内容によっては、こちらも不服申し立てをする。訓告なのか、処分保留なのかはっきりさせんかい。」

と発言した。

4 丙中学への転校留保

(1) 10月20日、yが丙中学の生徒βに暴行を加えたとして、βの親が丙中学教諭を伴って警察に被害届提出。

(2) 丙中学校長は、「今のまま転校を認めるわけにはいかない」旨表明。教育委員会も転校留保。

(3) 10月21日、Y1、Y2教育委員会に来る。

Y1、Y2は、

「転校手続きが完了してんのに、丙中に入れへんのはおかしいやろ。息子は被害者や。直接丙中学の校長と話する。」

と言って、丙中学に向かう。

(4) 同日、Y1、Y2、丙中学校長とともに再び教育委員会に来る。

Y1、Y2は、

「息子は一方的にはめられてるだけや。βが事件扱いにすれば、こちらも息子を守るためにβから暴行を受けたことを事件にするしかない。そうすればβは鑑別所送致になる。それでもええんか！」

等と言って強く転校を主張。

これに対し、丙中学校長は転校に反対した。
(5) 転校先が決まるまで、yを教育委員会に呼んで授業等を受けさせるなどし、丁中学への転校が決まった。

5 教育委員会への面談強要

(1) 11月16日4時10分　Y1、教育委員会で統括主事に対し、
「お前は何を適当なことをやってるんや。お前のせいで、**無駄な時間がかかっている。お前はいる必要はない。**」
と大声で怒鳴った後、一旦立ち去った。

(2) 同日4時30分　Y1、Y2は、
「βに暴行したという件は、でっち上げ、虚偽の申告や。保護者、学校だけでなく、教育委員会も一緒に被害届を出しに行ってる。学校内の事故なら分かる。しかし、日曜日、しかも学校の外で起こったことや。βの保護者は「でっちあげ、申し訳ありません。」と謝った。教育委員会がグルになって被害届を出した。とんでもないことや。俺の子供のことは全然取り上げてもうてない。被害者は俺の子供や。分かってんのか！！」
等と主張した。

結局、βの母親は被害届を取り下げた。

(3) 11月26日　Y1、Y2は、βの暴行事件で被害届を出したβの保護者との確認書（yの暴行の事実はなかったという確認書）にβの印を押印したものの写しを持参した。教育委員会が受け取ると言っているのに、受け取らなかったと言って市議会議員控室に出向いた。

議員控室から教育委員会宛連絡があったため、学務課長が説明に向かった。

その後、Y1から、学務課長宛、資料を取りに来るように連絡があったため、課長がY1宅に出向いた。

(4) 教育委員会からY1、Y2に対し、弁護士に交渉委任した旨告知。

Y1、教育委員会から、地元テレビ局に架電し、「**教育委員会が不**

実を述べているので自分たちを取材するよう」求めた。
(5) 11月29日代理人弁護士から「以後交渉は弁護士宛にするよう」等の受任通知到達。

　　Ｙ１、Ｙ２らは、教育委員会に来て教育長・Ｘ市長への面談を強要。
(6) 11月30日午前７時40分から、Ｙ１、Ｙ２は、甲中学、乙中学、丙中学に架電し、面談求めるも「市教委に任せている」として応じず。

　　その後、Ｙ１、Ｙ２は、**警察に連絡し、「自分の子供が学校で不当な扱いを受けたにもかかわらず、役所が自分の話を聞こうとしない。」として警察の出動を要請。警察官が市役所に来庁。**

　　警察官がＹ１と、教育委員会課長から個別に事情聴取。
(7) 12月４日その後何度も教育委員会に来訪したが、弁護士対応であるとして応対せず。

　　Ｙ１は、「転校の書類を見せられないならば、情報開示が必要か？との質問に対しても、全て弁護士を通じて対応するように、上司から指示を受けた。」とのメモに署名せよと応対者に強く求めてきた。しかし応じなかった。

　　Ｙ１らは、法務課に行って苦情をいい、更に課長を呼び出し、「**この件については、新聞社にも言ってある。○○警察署にも話してある。開示の書類が出たら、すぐ持ってきてくれと警察署が言っている。大変なことになるぞ。もう警察署から連絡が来ているやろう。俺たちが来ないのは着々と準備を進めているからや。**」
と言い残して立ち去った。

6　仮処分申立（12月19日）

　申立理由

ア　Ｙ１らの行為により、教育委員会の職務である教育行政の円滑な執行が妨害されている。

　　生徒の保護者からの問題提起は基本的に学校が当たるので、教育委員会への立ち入り禁止を認めてもさほど不都合ではない。

　　代理人を通じて交渉の方法は残されている。

イ　教育委員会への仮処分が認められると、甲、乙、丙の各中学校に出向く虞が十分にある。
　　各学校は関係者以外の立ち入りを禁じており、区役所と異なり一般的に開放された場所ではない。
　　yが通うのは丁中学であり、上記中学への立ち入りを禁じても、Y1らが教育上の不都合を生じない。
　ウ　直接交渉禁止の対象となる交渉事項は無限定とすべきである。

7　仮処分決定
次の理由により、下記の仮処分決定が出された。
　理由
　　1　業務遂行に受忍限度を超える支障が生じている。
　　2　過去・将来に亘り一切教育委員会との直接交渉を禁止するのは妥当でない（教育的観点から、保護者と教育委員会職員が直接協議することが適切な場合があり得る。この場合、法律の専門家たる弁護士が窓口となるのは必ずしも相当でない。）。
　　3　本件に関する事項については今後さらに、教育的観点からの措置を債務者が教育委員会職員と直接協議する必要性は考えられない。
　　4　債務者がyの在籍していない他の中学を訪問する必要性が今後生じるとは、考えられない。

平成○年(ヨ)第　　号　面談強要禁止仮処分命令申立事件
決　　　　定
○○県X市　　　　　　　　　　　　　号
　　　　債　権　者　　　　X　市
　　　　代　表　者　市　長
　　　　債権者代理人弁護士
　　　　債権者代理人弁護士
○○県
　　　　債　務　者　　　　Ｙ１
同所
　　　　債　務　者　　　　Ｙ２
　　　　債務者ら代理人弁護士

　上記当事者間の頭書事件について、当裁判所は、債権者に、債務者Ｙ１のために金15万円の、債務者Ｙ２のために金15万円の担保をそれぞれ立てさせて、次のとおり決定する。

主　　　　文

1　債務者らは、別紙交渉事項目録記載の事項に関して、債権者の教育委員会の委員又は事務局職員に対して直接交渉することを目的として、別紙物件目録記載1の建物に立ち入ってはならない。
2　債務者らは、別紙交渉事項目録記載の事項に関し、債権者の教育委員会の委員及び事務局職員に対し、同事務局に架電し又は同事務局において面会を求めるなどの方法で、直接交渉することを強要してはならない。
3　債務者らは、別紙物件目録記載2ないし4の建物に立ち入ってはならない。
4　債権者のその余の申立を却下する。
5　申立費用はこれを4分し、その1を債権者の、その余を債務者らの負担とする。

平成○年　月　日
○○地方裁判所民事　第●部
裁判官　　○　○　○　○

●参考「学校、教育問題について弁護士からの提言」(「日本教育」平成20年1月号(364号)より)

　本参考資料は、教育対象暴力について調査する過程で出会った論稿である。執筆された綱取孝治弁護士(第一東京弁護士会)らは、教育現場の現況を憂う東京都港区からの要請を受け、法律相談制度を立ち上げた。

　この論稿には、相談を通じて把握した教育現場の状況は、正しい教育を受ける権利を有する子どもにとって悲劇というものであり、弁護士が法律相談制度により学校問題に関与する意義は小さくないと記されている。

　綱取弁護士は民暴委員会に関係していないが、弁護士として一つの貴重な提言をなされているものであり、多くの方にご一読いただきたいと考え、綱取弁護士と発行元に掲載の許可を得て、参考資料として掲載したものである。

◆「日本教育」平成20年1月号(364号)
　【公益社団法人日本教育会発行】25～27頁(原文縦書き)

【新春特集】日本の将来を語る
　　「学校、教育問題について弁護士からの提言」

　　　　　　　　　　　　　　　　　　　　弁護士　綱　取　孝　治

一

　平成十九年六月から、東京都港区内に事務所を持つ弁護士の団体である港法曹会が港区より委託を受けて、同区内の幼稚園小、中学校の園長や校長先生方からの法律相談に応ずる制度を立ち上げましたことは、当時少し新聞紙上を賑わしました。

　同制度が発足してから現在(平成十九年十二月)まで約半年間に我々のところに寄せられた相談案件は十一件であり、これが件数して多いのか少ないのかはわかりませんが、この制度が校長先生方に気軽に利用できるものとして定着するかどうかはまだ今後の課題です。

我々弁護士は、この制度立ち上げの当初から教育の現場である学校の現況を実感としてよく知る必要があり、そのためには、同区内の園長、校長先生方との忌憚のない意見交換の場をできるだけ多く持ちたいと思っておりますが、時間の調整等の困難さから、残念ながらこれまで実現できず、これは平成二十年に入ってからの懸案事項となっております。

　ということで、私は未だ現在の幼稚園や小中学校の教育現場の実情をよく知る者ではありませんが、学校、教育問題に関心をもつようになってから目が行くようになったそれに関する新聞記事や何冊か読んだ書籍に記されたところと、前記した十一件の相談内容から感得したところを踏まえて、学校、教育問題に我々弁護士が何を為し得るか、一言述べることとします。

二

　授業中におしゃべりや勝手な行動をしている子供がいても、先生はそれを注意せずに無視して、授業を受けている子供だけを相手に授業を進めていく、という図は決して例外的なことではなく、むしろ通常化していることを知りました。

　石原慎太郎都知事が、平成十九年十二月四日の産経新聞朝刊の「日本よ」と題する論説にて、次のように述べていましたことが強く私の目を引きました。

　英語の堪能な知事の友人が、ボランティアである中学校で英語を教えているが、授業開始の日に、校長から、感謝の言葉と共にこれだけは絶対に守っていただきたいこととして「生徒を叱らないで下さい」と言われて、驚いたと言ったら、そばにいたもう一人の旧友も、同様のボランティアをしているが、校長から同様の注意を受けた、とのこと。知事は、叱るという行為を欠く教育など、この世にあるのだろうか、子供を叱ってくれた教師に抗議してくる当節の多くの親たちは、教育としつけの場で先生たちに何を期待するのであろうか、とほとんど憤りを吐露しています。

　そして、頭書に述べた、十一件の弁護士への相談の内容と相談担当弁護士の報告内容からも、前記したような小中学校の教室での在り方が垣間見えます。

例えば、学校内で起こった子供同士のいさかいにより生じた傷害を伴う事故であるが、何をおいても学校が第一の責任者であるかのように、またいさかいを起こした子供の心情や原因の究明はさて置いて、校長、担任の先生が加害児童の親と共に、被害児童宅に謝罪に行き、校長はその後の親同士の示談交渉の調整係となり、損害賠償の額や過失割合についての判断に迷ったあげくに弁護士に相談に来た、という報告例があります。

　担当弁護士は、校長先生が、まるで調停委員のように調停をしようとするのは無理があると判断し、当初それを指摘したが、校長から「当事者の交渉がもめて学校が巻き込まれて裁判になると困る」と言われて、止む無く自分の法的見解を述べた、とのこと。このような学校側の対応ぶりは決して稀なことではないことが他の報告例からも窺えました。また親離れしない幼稚園児と子離れしないその母親の当人達は真剣ではあるが、我々が客観的に見れば非常識な言動に対してその担任である若い先生の涙ぐましいほどの誠実な対応ぶりと、それにもかかわらず、その母親が幼稚園の対応が悪いとして提訴するといきまく事態となり、その対策についての相談例が報告されております。

　我々弁護士のところに来る相談は、問題が発生してから後のことで、普段の教室での在り方は直接には見えませんが、これまでの相談案件のほとんどが、真に将来ある子供のためという視点を欠いており、子供をそっちのけでの親同士のいさかい、そして校長先生や担任の先生はそれの調停、仲裁役に神経を費やし、多くの時間を取られているという実情にあり、ここには子供を叱りつけるということなど想像もつかない教育現場が浮かび上ると共に、正しい教育を受ける権利を有する子供にとっては、正に悲劇という他はない状態にあると見られます。

　子供が真に受けるべき「教育」とは何かについて、親も学校側も更には社会も国家も原点に立ち返って、考え、そしてそれの実現には何が必要であり、どうすればよいかを真剣に考える時期にきていると思います。

三
　「教育」とは、子供に知識を授け、学力を付けること以前に、人間社会で生活をし、生き抜く知恵を付けさせること、そしてその基本として「何

が正しく、正しくないか。何をすべきか、すべきでないか」というけじめをきちんとわきまえさせることが要諦であると思います。

しかし、これが言うはやすく行うとなると前記したような教育現場の実情に鑑みて気の遠くなるような困難事であることが明らかです。

教育の現場の困難さは明治時代から言われてきたことですが、少なくとも戦後しばらくまでは、家庭や社会生恬において、長幼の意識が明確であり、学校においては生徒もその親も先生に対し、尊ぶという気持ちをもって接する気風がありました。

しかし、現在は、そのような気風は薄らぎ、親子のみならず、教師と生徒の関係も友達感覚が当たり前の時代となっているようで、ここに「叱る」ということは容易に為し得ない業となっているようです。

子供は、当初悪いと感じて怖る怖る行ったことが、誰からも叱られずに通ってしまえば、すぐにそれに馴れてしまうのであり、授業中のおしゃべりや勝手な行動もそれが常態化し、一つの環境というものになってしまったものと思われる。

学校や先生方に、授業中におしゃべりや勝手なことをする子供に対しては、びしびし叱るべきだ、と強く指導したとて直ちにそれが実行できる状況ではなく、それを強引に為せば親達の反発が強烈で学校は大混乱の場と化してしまうことが予想されます。

結局は、何が真に子供の為の教育なのか、そしてその実現には何をすべきかについて、親も学校も、そして地域社会も国家もそれぞれの立場で考え、それを真に理解し、そして地道に実践する人達や場を少しずつ増やしていくこと、そして前記したような悪しき環境を徐々に改善することが遠回りのようで、近道ではないかと思います。

このようにして、教育環境が少しずつ変わっていけば、新しい環境にすぐ馴染むのも日本人の良き習性であることにも思い及ぶものであります。

四

弁護士は、相談内容の話をよく聞き、事実関係をより正確に把握しようと務め、それに法律をあてはめて是非の判断をして、相手方との交渉をし、また裁判に臨むことを職務の基本としております。

従って、事実関係の的確な把握とそれに対する意見の形成は比較的容易に為し得るところであり、しかも弁護士は、身分上、世の権力や利害関係とは無縁であり、自由に物が言える立場にあります。
　また、その職務を通じて、一般社会や企業との接触は密であり、弁護士活動を通じて、立法や行政という国家活動にも影響を与える活動も可能です。
　例えば、最近の一連の企業の不祥事から、コンプライアンス（法令遵守）が叫ばれ、その実現のための内部統制の在り方について企業から相談を受けることがあります。
　これに対する私の回答のあらましは、内部統制システムの在り方は、その企業の業態や組織の在り方や特質等により異なるものであり、これがベストのシステムであるとは、門外漢にはなかなか言えないところがあり、よいシステム作りをするには、私が当企業の業態と組織の実態に精通する必要があること、そして立派なシステムを作り上げても、それに人がついてこられないものであっては、意味が小さい、換言すると、何が正しく、何が正しくないか、やってよいか、悪いのかの判断をシステムに関係する人が自由に言える状態となっているか、またやっていい、悪いの判断を適格にできる陣容とすることが大切です、ということになります。つまり、企業において教育、人づくりが肝要であるということで、私が小文で教育について言いたいことの要諦もここにあります。
　このような弁護士が、冒頭に述べた学校問題の法律相談制度により、学校問題に介入する意義は小さくない、否、小さくないものにしようと思っております。
　そして、まずは、我々弁護士が教育現場をよく把握したうえで、相談を通してのみならず、学校との交流の中で、真に子供のための「教育」とは何かという視点を外さずに、子供のために「叱る、叱れる」教育現場作りに貢献できたらよいと思い、また願っております。

事項別索引

あ
安全配慮義務 …………… 57, 66, 72, 75

い
育児放棄 ………………… 91, 94, 101
いじめに関する法規制 …………… 28
一種の保証責任 ………………… 187
一定の局面 ……………………… 13

え
営造物責任 ……………………… 127

お
公の営造物 ……………………… 59

か
課外活動 ………………………… 149
加害者の出席停止措置 …………… 43
加害者の精神鑑定 ………………… 43
学習指導等における教員の裁量 … 160
学籍抹消 ………………………… 147
過失 ……………………………… 54
過剰要求型 ………………………… 8
学級崩壊 ………………………… 135
学校側の不手際 …………………… 44
学校給食費 ……………………… 84
学校給食費未納問題 ……………… 92
学校施設を調査する法的義務 …… 126
学校の施設・設備の管理 ………… 123
学校の設備的騒音 ……………… 168

き
教育委員会における調査義務 …… 199

教育の機会均等の保障 ………… 103
教員が作成する報告書の記載内容
 ……………………………… 138
教員が分担する職務内容 ……… 113
教員の時間外労働 ……………… 114
教師の呪縛 ………………………… 4
行政対象暴力類似類型 …………… 7
脅迫罪 …………………… 59, 197
強要罪 ……… 19, 20, 52, 65, 139, 140

け
経済的虐待 ……………… 91, 94, 101
携帯電話 ………………………… 142
契約自由の原則 ………………… 90
建造物侵入罪 …………………… 126

こ
交換費用 ………………………… 19
公権力の行使 …………………… 54
工作物責任 ……………………… 127
校則に違反している生徒に対する懲戒
 ……………………………… 142
校則の内容 ……………………… 141
校則の法的性格 ………………… 141
口頭の提供 ……………………… 25
考慮事項 ………………………… 180
子どもの学習権の実現 …………… 10
子どもの治療 …………………… 73

し
時季変更権 …………………… 117, 119

児童本人ないし親権者との交渉 …… 37
辞職 ………………………………… 140
辞任 ………………………………… 140
就学援助制度 ……………… 92, 100
修学旅行費 ………………… 84, 88
出席停止 …………………………… 68
出席停止を命じる義務 ………… 43
準委任契約の申込 ………………… 93
準委任の申込者 …………………… 91
傷害罪 ……………………………… 26
食物を含めた給食サービスの提供 … 86
女性教員が化粧をやめる法的義務
　……………………………………… 127
親権行使 …………………………… 73

す
スクールローヤー ……………… 3, 11

せ
生活保護による教育扶助 ……… 92
精神鑑定を行う義務 ……………… 44
成績表 ……………………………… 163
制服 ………………………………… 166
設置又は管理の瑕疵 ……………… 59

た
団体保険 …………………………… 176
担任教員を決定する法的根拠 … 129

ち
中学校学習指導要領の規定 …… 150
調査義務の時的限界 ……………… 40

と
同意権 ……………………………… 73

ね
ネグレクト（養育の放棄・怠慢）…24
念書 ………………………………… 138

は
「バイク三ない原則」違反退学事件
　……………………………………… 50

ふ
部活動時における教員の不法行為
　……………………………………… 156
部活動における教員の裁量の範囲
　……………………………………… 149
部活動の法的性質 ……………… 149
不退去罪 …………………………… 146
部の顧問の不法行為 …………… 154
部の顧問を変更 ………………… 154

ほ
暴行罪 ………………………… 26, 137
暴行を行った生徒に対する対処 … 138
保護、監督義務の範囲 ……… 15, 16
保護、監督義務の法的根拠 …… 14
保護者対応の必要性 …………… 112
保護者対応の法的根拠 ………… 113
保護者に授業見学させる行為 … 160
補習 ………………………………… 145

み
民事不介入の原則 ……………… 146

227

民暴事案類型 ………………………… 7

め
名誉毀損罪 ………………………… 140

ゆ
有給休暇取得の可否 ………………… 117

よ
横浜市立中学校プール事故訴訟 …… 54

裁判例年月日別索引

昭和8年
    4.15   大審院   刑集12巻427頁 ……………………………………… 137

昭和29年
    7.30   最高   民集8巻7号1501頁 ……………………………… 142, 143

昭和39年
    2.26   最高   民集18巻2号343頁 ……………………………… 100
                              判時363号9頁
                              判タ157号94頁

昭和40年
    9.9   東京地   判時429号26頁 ……………………… 14, 15, 179, 180, 194
                              判タ183号170頁

昭和45年
    8.20   最高   民集24巻9号1268頁 ……………………………… 174
                              判時600号71頁
                              判タ252号135頁

昭和46年
  10.11   福岡高   刑裁月報3巻10号1311頁 ……………………… 137
                              判時655号98頁
                              判タ275号285頁
  11.12   函館地   判タ272号254頁 ……………………………………… 180

昭和47年
    2.18   札幌高   高民集25巻1号95頁 ……………………………… 174
                              判時659号22頁
                              判タ278号165頁
                              交通民集5巻1号4頁

昭和48年
    1.17   大阪地   判時706号45頁 ……………………………………… 176
                              判タ302号212頁
    3.2   最高   民集27巻2号191頁 ……………………………… 117
                              判時694号3頁
                              判タ292号224頁

昭和49年

7．19	最高	民集28巻5号790頁 ………………………………	50, 141
		判時749号3頁	
		判タ313号153頁	
10．31	高松高	判時770号57頁 ………………………………………	18, 184
11．27	高松高	判時764号49頁 ……………………………………………	179
		判タ318号255頁	

昭和50年

3．3	大阪地	判時781号93頁 ………………………………………………	18

昭和51年

2．27	大阪地	判時837号75頁 ………………………………………………	181
5．21	最高	刑集30巻5号615頁 …………………………………………	149
		判時814号33頁	
		判タ336号138頁	
9．30	神戸地	判時856号73頁 ………………………………………………	179
		判タ352号283頁	

昭和52年

10．25	最高	判タ355号260頁 ……………………………………………	56, 79

昭和53年

7．4	最高	民集32巻5号809頁 …………………………………………	174
		判時904号52頁	
		判タ370号68頁	

昭和55年

7．11	大阪地	判時1000号108頁 …………………………………………	172
		判タ423号114頁	

昭和56年

3．30	浦和地	判タ443号100頁 ……………………………………………	180, 181

昭和57年

3．18	最高	民集36巻3号366頁 …………………………………………	118, 121
		判時1037号8頁	
		判タ468号95頁	

昭和60年

11. 13	熊本地	行裁例集36巻11・12号1875頁 ……………………………	142
		判時1174号48頁	
		判タ570号33頁	
		判例自治34号42頁	

昭和62年

2. 13	最高	民集41巻1号95頁 …………………………………………	73, 76
		判時1255号20頁	
		判タ652号117頁	
7. 10	最高	民集41巻5号1229頁 ………………………………………	119
		判時1249号33頁	
		判タ647号92頁	
10. 30	千葉地	判時1266号81頁 ……………………………………………	50

平成元年

2. 28	千葉地	交通民集22巻1号239頁 ……………………………………	178
		判例自治63号46頁	
8. 29	福岡地	判タ715号219頁 ……………………………………………	16

平成2年

11. 13	大分地	判タ757号223頁 ……………………………………………	14, 16, 17
11. 30	名古屋地	判タ752号101頁 ……………………………………………	129
12. 26	福島地 いわき支	判時1372号27頁 …………………………………………… 判タ746号116頁 判例自治78号51頁	31

平成6年

5. 20	東京高	判時1495号42頁 ……………………………………………	30, 137
		判タ847号69頁	
		判例自治123号11頁	

平成13年

1. 15	横浜地	判時1772号63頁 ……………………………………………	31
		判タ1084号252頁	
12. 18	福岡地	判時1800号88頁 ……………………………………………	38
		判タ1136号126頁	

231

平成14年

1．28	鹿児島地	判時1800号108頁 ···	34
		判タ1139号227頁	
1．31	東京高	判時1773号3頁 ···	32
		判タ1084号103頁	
8．30	福岡高	裁判所ウェブサイト ··	38

平成19年

1．25	最高	民集61巻1号1頁 ··	54
		判時1957号60頁	
		判タ1233号136頁	

平成20年

4．18	最高	判時2006号74頁 ···	55
		判タ1269号117頁	
		判例自治306号73頁	
7．18	さいたま地	裁判所ウェブサイト ··	38
7．31	仙台地	判時2028号90頁 ··	57, 79, 82
		判タ1302号253頁	
9．18	京都地	裁判所ウェブサイト ··	169

平成21年

10．27	神戸地	判時2064号108頁 ··	187

平成24年

2．17	前橋地	判時2192号86頁 ··	154
6．5	高知地	判タ1384号246頁 ···	38

平成25年

6．3	札幌地	判時2202号82頁 ··	80, 82
		判例自治381号58頁	

事例解説　教育対象暴力
～教育現場でのクレーム対応～

平成27年10月30日　第1刷発行
平成31年2月1日　第9刷発行

編　集　　近畿弁護士会連合会
　　　　　民事介入暴力及び弁護士業務妨害対策委員会

発　行　　株式会社ぎょうせい

〒136-8575　東京都江東区新木場1-18-11
電話　編集　03-6892-6508
　　　営業　03-6892-6666
フリーコール　0120-953-431
URL　https://gyosei.jp

＜検印省略＞

印刷　ぎょうせいデジタル㈱
※乱丁・落丁本はお取り替えいたします。　　Ⓒ 2015　Printed in Japan
ISBN978-4-324-10050-9
(5108188-00-000)
〔略号：教育対象暴力〕

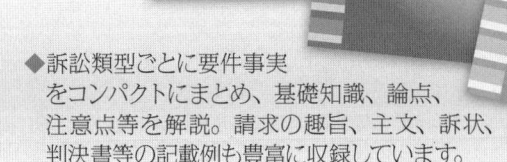

要件事実マニュアル 第5版 ついにシリーズ完結！

裁判官室・書記官室にも置かれている、まさに法曹関係者の"バイブル"です。

第1巻　総論・民法1
第2巻　民法2
第3巻　商事・手形・執行・破産・保険・金融・知的財産
第4巻　過払金・消費者保護・行政・労働
第5巻　家事事件・人事訴訟

岡口基一／著
A5判　各定価（本体5,100円＋税）
送料460円

◆訴訟類型ごとに要件事実をコンパクトにまとめ、基礎知識、論点、注意点等を解説。請求の趣旨、主文、訴状、判決書等の記載例も豊富に収録しています。
◆昨今、弁護士以外の士業にも広がりを見せる"要件事実"。本家"要件事実のカリスマ"が「そもそも要件事実とは？」についても、今回、わかりやすく加筆しています。
◆ついに成立した改正民法（債権関係）に完全対応！　改正前・後で考え方や実務の対応が異なる箇所については、解説文や註釈で逐一明示しています。

株式会社ぎょうせい
フリーコール　TEL:0120-953-431 [平日9～17時]　FAX:0120-953-495
https://shop.gyosei.jp　ぎょうせいオンライン　検索
〒136-8575　東京都江東区新木場1-18-11

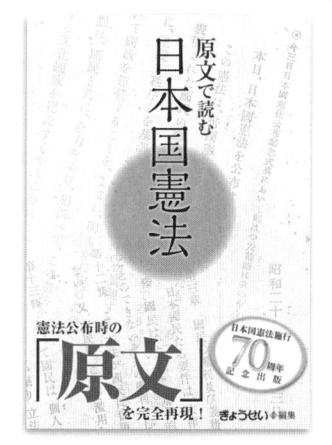

原文で読む 日本国憲法

ぎょうせい／編
A5判　定価（本体1,111円+税）　送料300円

- 昭和21年11月3日公布時の官報に掲載された「憲法原文」をカラーで紹介。
- 「原文」「現代文」「英文」を比較しながら読むことができます。憲法の新たな一面が発見できる1冊です。
- 巻末には元内閣法制局長官・大森政輔氏のインタビュー「日本国憲法とともに歩んだ七十年」を掲載。
- 高校や大学での教材としてもお使いいただけます。

判例地方自治別冊
自治体職員のための憲法判例INDEX

ぎょうせい／編集
B5判　定価（本体2,700円+税）　送料350円

- 自治体、行政・法曹関係者のための判例情報誌『月刊 判例地方自治』に収録された重要判例約60件を、憲法の条文ごとに配列した実務家向けの判例集
- 創刊号（昭和59年4月）から通巻413号（平成28年12月）に至るまで、過去30年間に掲載された判決のうち、憲法を関係法令として掲げている全ての最高裁判決につき、要旨・概要・コメント付きで紹介。自治体実務と憲法との関わりがすぐわかる！
- 元最高裁判事・園部逸夫氏の巻頭インタビュー「日本国憲法下における自治判例」を特別収録！

株式会社ぎょうせい
〒136-8575　東京都江東区新木場1-18-11
フリーコール　TEL：0120-953-431 [平日9〜17時]　FAX：0120-953-495
https://shop.gyosei.jp　ぎょうせいオンライン　検索

実務 交通事故訴訟大系

藤村和夫・伊藤文夫・高野真人・森冨義明／編集
全3巻（函入り）　A5判
定価（本体18,000円+税）　送料610円

- 交通事故損害賠償における〝理論と実務の融合〟を目指す体系書。
- 第一線で活躍する裁判官・弁護士・研究者等約70名が執筆した、交通事故訴訟における実務上の論点を網羅。

【第1巻 総論】【第2巻 責任と保険】【第3巻 損害と保険】

"地域密着型"モデルで勝ち抜く
実践！法律事務所経営マニュアル

松本常広／著
A5判　定価（本体2,500円+税）　送料300円

- 地域でオンリーワンを目指し、売上1,000万円でも経営していける新たなマチ弁モデルとは？――大規模化、合理化、低価格化……の流れの中で採るべき戦略が定まります。
- マッピングによる商圏分析から内装・レイアウトのアドバイス、営業・広告宣伝の様々なアイディアまで――著者の実体験に基づいたノウハウは、即座に実践できます。

新税制・医療法対応
医療法人の事業承継完全ガイド

青木惠一／監修
税理士法人 青木会計／編著
A5判　定価（本体2,700円+税）　送料300円

- 医療法人に対する贈与税非課税制度の創設で〝注目〟の新認定制度の8要件(平成29年10月1日に受付スタート)を実務に沿って解説します。
- 新たな認定要件のクリア方法を解説する「基本編」、医療法人の規模やタイプ別に12の対策を解説する「対策編」の2部構成で事業承継のすすめ方が理解できます。

株式会社ぎょうせい
フリーコール　TEL：0120-953-431［平日9～17時］　FAX：0120-953-495
https://shop.gyosei.jp　ぎょうせいオンライン　検索

〒136-8575 東京都江東区新木場1-18-11

これからの地方自治を創る実務情報誌

月刊 ガバナンス

ぎょうせい／編集

5つのお勧めポイント

1 喫緊の政策課題をタイムリーに特集
行政改革や災害対策、社会保障、まちづくりなど、自治体の重要テーマを取り上げます。

2 公務員の仕事力を高める！スキルアップ特集＆連載
クレーム対応やファシリテーションなど、実務に役立つ仕事術をわかりやすく紹介します。

3 自治体の最新情報が満載の「DATA BANK」
記事数は毎月、約70本！自治体の先進施策がコンパクトに読めます。

4 現場を徹底取材！読みごたえあるリポート記事
先進的な政策や議会改革リポートなど、自治の最前線をリポートします。

地方創生に役立つ先進事例が満載！

5 連載記事も充実のラインナップ！
「市民の常識vs役所のジョウシキ」
「新・地方自治のミ・ラ・イ」など、
人気連載がたくさんあります。

〔毎月1日発売〕

年間購読がお得です！

※A4変形判・単号定価1,080円（送料102円）のところ…

年間購読料	〈1年〉12,312円	〈2年〉22,032円	〈3年〉29,160円
	（1冊あたり1,026円）	（1冊あたり918円）	（1冊あたり810円）

さらに送料無料！

※年間購読料は、8％税込の料金です。
※送料は、2018年8月時点の料金です。

株式会社 ぎょうせい
〒136-8575 東京都江東区新木場1-18-11

フリーコール TEL：0120-953-431 [平日9～17時] FAX：0120-953-495
https://shop.gyosei.jp　ぎょうせいオンライン 検索

ぎょうせい創業125周年記念出版
石原信雄回顧談

石原信雄回顧談編纂委員会【編集】

一官僚の矜持と苦節

自治官僚として
今日の地方財政制度の基礎を築き、
内閣官房副長官として7人の総理に仕えた
石原氏の足跡から"激動の時代"を振り返る!

昭和から平成
初期にわたる
政治史の"舞台裏"
が明らかに!

● 全3巻・上製本・ケース入り A5判
定価(本体12,000円＋税)［電子版］本体12,000円＋税
※電子版は ぎょうせいオンライン 検索 からご注文ください。

本書の一部が
ご覧になれます。

巻構成

第一巻 我が人生を振り返る　　聞き手：山中 昭栄（一般財団法人地方自治研究機構理事長）

第一章 公務員の仕事とは／第二章 茨城県庁時代／第三章 鹿児島県庁時代／第四章 岡山県庁時代／第五章 再び霞が関／第六章 政・官を離れて見てみると／第七章 趣味、家族、健康／年表

第二巻 霞が関での日々―自治官僚として　　聞き手：小西砂千夫（関西学院大学教授）

第一章 入庁から自治庁財政課で「見習い」として／第二章 自治庁財政課（交付税課兼務）課長補佐時代／第三章 財政課長から審議官（地方財政担当）、財政局長、自治事務次官として／第四章 地方財政制度を振り返って／第五章 自治省財政局を取り巻く風景／年表（経歴と地方財政運営上のできごと：昭和27～61年）

第三巻 官邸での日々―内閣官房副長官として　　聞き手：上﨑正則（時事通信社総務局長）

第一章 後藤田さんのこと／第二章 竹下政権／第三章 宇野政権／第四章 海部政権／第五章 宮澤政権／第六章 細川政権／第七章 羽田政権／第八章 村山政権／第九章 官房副長官とは／年表（政権と社会の主な動き：昭和62～平成7年）

株式会社 ぎょうせい
フリーコール
TEL：0120-953-431 [平日9～17時] FAX：0120-953-495
https://shop.gyosei.jp
ぎょうせいオンライン 検索
〒136-8575 東京都江東区新木場1-18-11